이수련 ———

- 정신분석학 박사
- 프랑스 국가공인 임상심리학자 및 심리치료사
- 한스아동청소년상담센터 원장

파리8대학에서 정신분석학 석사, 렌느2대학에서 임상심리학 및 아동청소년 임상심리학 석사를 마치고, 파리7대학에서 정신분석학 박사를 취득했다. 프랑스 빌-에브라르 병원 산하 오베르빌리에 아동청소년병원, 기욤 레니에 병원 산하 이제르 아동청소년병원, 생브리외 아동청소년 메디컬 심리센터 등에서 임상을 했다. 현재 서강대학교, 한국예술종합학교에서 강의하고, 고신의대 '인문사회의학·행동과학 연구소' 객원 연구위원으로 활동하고 있으며, 한스아동청소년상담센터에서 정신분석 임상을 실천하고 있다. 『이데올로기의 숭고한 대상』, 『정신분석』, 『자크 라캉 세미나 11』(공역) 등을 번역했다.

잃어버리지 못하는 아이들

잃어버리지 못하는 아이들

어떻게 엄마의 사랑을 잃어야 하는가

이수련 지음

위고

/

어른 1, 어른 2, 어른 3

퍼즐 맞추기는 매력적인 놀이입니다. 하지만 퍼즐 조각을 하나라도 잃어버리면 매우 난감해집니다. 다른 것으로 끼워 맞출 수가 없기 때문입니다. 한참을 찾아도 찾지 못하면 그냥 빈칸을 남긴 채 그 퍼즐은 실패작이 되고 맙니다. 모든 것이 고정되어 대체가 불가능하다면 퍼즐 조각을 잃어버렸을 때처럼 무언가 어긋나버려도 해결할 방도가 없습니다.

아이의 성장은 일차적으로는 생리적으로 일어나는 변화이지만 그것이 전부는 아닙니다. 그와 더불어 '이미 존재해

온' 사회와의 관계를 만들어내야만 성장은 완수될 수 있습니다. 이는 아이가 '내 것'을 잃어야 하는 순간이 온다는 뜻인 동시에 애초에 '내 것'이 아니었던 '기존의 것'을 받아들여야 한다는 뜻입니다. 이때 퍼즐 맞추기와 같은 상황이 일어날 수 있습니다. '내 것'을 잃으면 모든 게 망쳐질 것 같아서 절대 잃을 수 없는 경우, '내 것'을 잃었는데 대신 아무것도 찾을 수 없는 경우, 다른 것이 주어지지만 '내 것'으로 삼을 수 없는 경우가 발생하는 것이죠. 어딘가에 아이의 성장을 가로막는 고정된 요소가 있어서 대체나 교환이 이루어지지 않는 것입니다.

우리는 대개 비슷한 모습으로 살아갑니다. 인간이라는 보편성의 이름으로 묶이는 객관적인 근거들, 일반적이고 공통적이라고 할 수 있는 요소들이 우리에게는 분명 있습니다. 하지만 한편으로 부인할 수 없는 사실은 우리 모두가 다르다는 것입니다. 체질, 기질, 성질, 감정… 어떤 이름으로 불리든 각자에게는 일반성으로 환원되지 않는 고유성이 있습니다. 우리의 몸이 저마다 다르게 생긴 데에는 이유가 없지 않죠. 누구든 다른 사람과 같은 사람 취급을 당할 수는 없다는 것입니다. 굳이 새로울 것 없는 사실을 언급하는 이유는 그것이 아이의 성장에서 가장 핵심이 되는 사항이기 때문이고, 그럼에도 불구하고 종종 간과되고 있기 때문입니다.

문제는 보편성과 고유성, 혹은 객관성과 주관성이 모두 중요하다는 것을 모른다는 데 있지 않습니다. 우리는 그것을 알고 있습니다. 다만, 아이가 그 두 개의 세상을 자신에게 알맞은 방식으로 적절하게 배치하면서 성장해야 한다는 것, 그리고 그것을 이루어주는 것이 아이의 보호자들의 역할인데 그 점이 충분히 강조되지 않고 있습니다. 요컨대 문제는 아이가 성장할 때까지 보호자는 '무엇을 보호해줄 것인가'입니다.

아이의 보호자는 누구보다 부모입니다. 그리고 부모와 더불어 우리가 주목하려는 또 다른 보호자는 선생님입니다. 모두 아이에게 기성세대를 대표하는 어른이면서 아이와 가장 가까이, 가장 오래 접촉하는 어른입니다. 기존 사회와 아이, 양쪽의 경계에 자리 잡고 있는 사람입니다. 현대는 '어른'이라고 부를 수 있는 사람들이 사라져가는 시대라고 합니다. 지식의 체계나 제도, 시스템과 아이 양쪽의 경계에 자리 잡고 중재를 해주던 역할이 생략되어가고 있다는 뜻이겠죠. 하지만 그 역할이 사라져가고 있는 지금도 여전히 그 자리를 맡고 있는 사람들이 있습니다. 혼란이 일어나는 건, 역할을 잃고 이름만 맡고 있는 경우입니다. 자리를 맡아 두고 무엇을 해야 할지 모르는 경우죠.

어른이 사라지는 시대를 논하기 전에 여전히 그 역할을 해야 하는 자리에 있는 사람들을 위해 우리는 그 역할이 무엇인지 살펴보려고 합니다. 아이의 보호자 역할을 하는 어른들, 부모와 선생의 역할을 분명히 할 필요가 있습니다. 역할은 기능의 수행입니다. 말하자면 부모의 기능, 선생의 기능에 관심을 기울여야 한다는 말입니다.

부모라고 말했지만 정확히는 엄마의 기능과 아빠의 기능입니다. 단순화시켜 말한다면, 엄마는 아이와 맨 처음 만나는 어른입니다. 따라서 엄마의 기능은 아이의 생존을 위해 집중하는 것입니다. 아빠는 그런 엄마와 아이 사이에 나타나는 어른입니다. 아이를 엄마로부터 분리시키는 기능을 합니다. 일반적으로 아이를 낳고 키우는 사람을 부모라 하고, 배 속에 아이를 잉태하여 출산하는 여자를 엄마, 정자를 제공한 남자를 아빠라고 부르지만, 우리가 말하는 엄마와 아빠는 아이에 대한 역할을 지칭하는 이름입니다.

이때 엄마와 아빠의 각자의 기능이 수행되는 데는 그 순서와 시기가 중요합니다. 말하자면 어른 1, 어른 2가 되는 것이죠. 우리가 일반적인 기준으로 삼고 있는 어른 1의 기능을 엄마라는 여자가, 어른 2의 기능을 아빠라는 남자가 수행하는 사회는 가부장제를 근간으로 하는 핵가족 형태의 가족 시스템에서 가장 표준적인 것으로 여기는 역할 분담입니다. 사실 그 자리에 누가 와도 가능합니다. 남녀가 바뀔 수도 있고, 생물학적 부모가 아닐 수도 있습니다. 아이가 스스로를 만들고, 사회로 나아가는 데 일차적으로 중요한 것은 방금 언급한 그 기능으로서의 엄마와 아빠이기 때문입니다. 다만, 엄마의 기능을 남자가 수행할 때, 혹은 엄마와 아빠의 기능을 둘 다 여자가 수행할 때 등 각각의 경우 모두 동일한 효과와 결과에 이르지는 않는다고 봐야 합니다. 그렇게 조금씩 다른 결과에 이를 수 있지만, 그 기능이 제대로 수행된다면, 아이가 스스로 사회의 구성원이 될 수 있는 보루는 지켜진다고 볼 수 있습니다. 이에 덧붙여 선생의 기능은 아이를 지식 체계와 잘 접목시켜주는 데 있습니다. 어떤 지식을 얼마나 잘 이해시키고 전달하느냐의 문제라기보는 아이들 한 명 한 명이 어떻게 그 지식과 만날 수 있느냐를 고민하는 일입니다.

성장을 통해 아이는 '내 것'을 잃고 '기존의 것'을 받아들일 수 있어야 한다고 했는데, 이는 아이가 우선 '내 것'을 만들어냈고, 그에 대해 어떤 상실을 경험했지만 다른 것으로 대체할 수 있게 되었음을 의미합니다. 아이의 보호자들은 아이가 이렇게 '내 것'을 만들고, 잃고, 대체하는 과정을 감내할 수 있을 때까지 포기하거나 좌절하지 않도록 보호해주어야 합니다.

그런데 여기서 중요한 질문이 하나 있습니다. 우리는 대부분 '기존의 것'이 무엇인지 알고 있습니다. 그렇다면 '내 것'은 무엇일까요? 잠시 '내 것'에 대해 생각해보면, 내 몸, 내 생각, 내 감정, 내 물건 같은 것이 떠오릅니다. 하지만 곧 그것들이 과연 순수하게 내 것인지, 아니면 기존 사회의 것인지 모호해지기 시작합니다. 우리가 알게 모르게 이미 기존 사회의 것을 받아들였다는 의미겠죠. 그렇다면 아이의 경우는 어떨까요?

아이가 자신의 것으로 타고나는 건 오직 몸 하나뿐입니다. 그런데 그것이 어떤 몸인가 하면 아직 제대로 형성되지 않은 무지하고 무능한 몸입니다. 그 몸이 서서히 능력을 갖추고, '내 것'이라고 할 수 있는 느낌, 생각, 경험들이 만들어지는 과정이 성장입니다. 아이는 그렇게 자기 몸 하나 쓰는 일에서부터 무언가가 외부로부터 덧붙여지고, 원래 갖고 있던 것을 잃게 되고, 그것이 대체되는 과정을 연속적으로 겪게 됩니다.

여기서 주목할 것은 그 모든 것을 아이 혼자 겪지 않는다는 사실입니다. 다른 동물에 비해 턱없이 나약하게 태어난 아이가 살아남을 수 있도록 보살펴주고, 이후 사회 안에서 다른 사람들과 더불어 살아갈 수 있도록 안내해주는 사람들이 그 과정에 함께합니다. 아이는 태어나는 순간부터 이 사람들과 함께하게 되니, 그들이 아이가 '내 것'을 만드는 데 관여하지 않을 수 없습니다. 결국 애초에 '내 것'이라고 여겨졌던 것에도 사실은 이미 다른 사람들의 것이 개입되어 있는 것이죠. 가장 먼저는 부모의 것입니다. 우리는 아이가 부모와 만나는 바로 그 지점에서 어떻게 아이의 '내 것'이 만들어지는지를 확인해보려고 합니다. 이는 성장이 아이의 독립을 의미하지만, 그것이 단순히 아이가 여러 가지 능력을 배양하여 혼자 쓸 수 있게 되는 일이 아닌 이유를 이해하는 과정이 될 것입니다.

부모와 아이의 관계는 생각보다 복잡합니다. 우리는 흔히 의존관계, 애착관계 등으로 부르지만 부모와 아이의 관계는 단순히 심리적이거나 감정적인 관계가 아닙니다. 물론 부모와 아이 사이에 그런 관계들이 있다는 건 분명합니다. 유대감, 의지, 사랑, 실망, 미움 등 우리가 매일 느끼고 겪는 감정들을 부모와 아이도 겪습니다. 하지만 부모와 아이의 관계의 핵심은 그런 것들이 아닙니다. 부모와 아이를 서로 감정을 주고받는 사이로만 여기게 되면, 둘 사이에 가장 중요한 것은 서로가 좋은 감정으로 유대를 맺고, 부모는 아이에게 만족스럽고 긍정적인 것을 제공해야 한다는 결론에 이르게 됩니다. 얼마나 좋은 것들을, 얼마나 많이 베풀 것인지의 문제가 되는 것이죠. 쉽게 말해 아이를 많이 사랑해줄수록 좋다는 말이 됩니다.

하지만 과연 그럴까요? 많이 사랑해주고, 좋은 것들을 부족하지 않게 주고, 안전하게 보호해주는 관계만으로 아이의 성장이 보장될 수 있을까요? 물론 그런 관계도 필요하겠죠. 하지만 그것을 언제, 어떻게, 누가, 무엇으로 할 것인가의 문제를 생각해봐야 합니다. 모든 경우가 같은 결과를 만들지는 않기 때문입니다.

과거보다 풍요로워서 훨씬 더 많은 사랑을 오랫동안 줄 수 있는 현대 사회에서 왜 갈수록 괴로움을 겪고 있는 아이들이 많아지고 있는지, 왜 성인이 되어서까지 그 괴로움을 해결하지 못하는 경우가 많아지고 있는지 생각해봐야 합니다. 아니, 모든 조건이 좋아진 지금이라면, 그런 문제들이 적어도 줄어들어야 하는 건 아닌지 물어봐야 합니다. 이를 위해서는 아이의 성장 과정과 그 속에서의 어른들의 역할을 좀 더 면밀하고 진지하게 고민해보는 일이 필요합니다. 누가 무엇을 언제 어떻게 주느냐에 따라서 아이의 성장이 달라질 수 있기 때문입니다.

어른은 아이가 '내 것'을 모두 잃고 빈손으로 사회에 들어가게 해서는 안 됩니다. 그렇게 되면 '내 것'이 사회 밖으로 버려지게 됩니다. 아무 흥도 없이 시늉만 하며 살거나, 혹은 외부로 고립되어버리는 결과가 생길 수도 있습니다. 반대의 경우 역시 마찬가지겠죠. 아이가 '내 것'을 꼭 쥐고 놓지 않아도 되게 지켜주는 것이 어른의 일도 아닙니다. 그것 역시 사회 안으로는 들어갈 수 없는 조건이 되기 때문입니다.

우리는 이런 문제들을 어려움에 부딪혀 곤란을 겪고 있는 아이들을 통해 접근해보려고 합니다. 저의 직업이 정신분석가이자 임상심리사이니 어쩔 수 없는 일이기도 하지만, 사실 우리가 문제의 지점을 분명하게 볼 수 있을 때는 일이 잘되고 있을 때라기보다는 무언가 삐걱거리는 지점이 있을 때입니다. 문제가 어디에서 왜 생긴 건지를 알아봐야 일이 잘되기 위한 조건을 추려낼 수 있습니다. 게다가 정상적인 것과 비정상적인 것의 경계는 매우 모호합니다. 우리 모두는 정상적이면서 또 동시에 비정상적이기도 하니까요.

　우리의 주변을 살펴보면 각자의 역할을 묵묵히 잘 이행하고 있는 어른들도 많습니다. 하지만 아이 앞에서 스스로 무엇을 해야 할지 정하기 어려운 어른들, 무엇을 하고는 있지만 확신이 없는 어른들, 혹은 해야 할 일을 오해하고 있는 어른들이 있는 것도 사실입니다. 이제 우리가 그것에 대해 함께 고민해보고, 각자 자신의 자리에서 제법 적절한 해법들을 찾을 수 있는 기회를 마련할 수 있으면 좋겠습니다.

2017년 여름

이수련

차례

1부

애착,
깨질 때 비로소 완성된다

어떤 엄마들의 사랑은 아이의 목에 둘러진 줄과 같아서,

아이가 세상을 향해 조금만 움직여도 조여지곤 한다.

·

크리스티앙 보뱅, 『소생』(2001)

반드시
잃어버려야 할 사랑

•

　이제는 어엿한 어른이어도 힘들고 괴로울 때면 우리는 여전히 엄마를 부르곤 합니다. 외롭거나 속상할 때, 놀라거나 겁이 날 때 무심코 "엄마"라는 말이 튀어나옵니다. 어린 시절에도 우리는 그렇게 엄마를 불렀습니다. 배가 고파도, 뛰다가 넘어져도, 찾는 물건이 없어도, 무슨 일만 생기면 엄마를 찾았습니다. 세월이 그렇게 흘렀는데 변한 게 없나 봅니다.

　어른이 된 우리가 엄마를 부르는 건 엄마에게 뭔가를 정말로 기대해서는 아니겠죠. 나직이 "엄마" 하고 부르면 마음이 애틋해지고 눈시울도 붉어지지만 그렇다고 당장 엄마를 만나러 달려가지는 않습니다. 보통은 그냥 그렇게 잠시 감동에 휩싸이고 지나갑니다. 게다가 막상 엄마를 만났을 때 우리의 마음이 그렇게 애틋하지만은 않다는 건 꽤나 의미심장한 일입니다. 엄마에 대한 사랑이 간절하지 않은 걸까요? 아니면 단지 우리 마음이 변덕스러운 것일까요?

사실 어른이 된 우리가 엄마를 부를 때, 우리가 진짜 부르는 사람은 현재의 엄마가 아니라 어린 시절 나만을 바라보던 과거의 엄마입니다. 어렸을 때, 나를 정말 많이 사랑해주고 귀하게 아껴주던 엄마 말입니다. 그때 엄마에게 나는 세상의 전부였고 누구와도 비교할 수 없는 빛나고 소중한 존재였죠. "엄마" 하고 부르면서 우리는 나를 아낌없이 사랑해준 그때의 엄마와 그때의 나를 그리워합니다. 이제는 엄마도 나도 다시 그때로 돌아갈 수는 없습니다. 나는 더 이상 그때처럼 빛나는 존재가 아니고, 이제 엄마의 사랑만으로 세상을 살아갈 수도 없기 때문입니다.

엄마에게 그렇게 대단한 존재였지만 이제는 초라해지고만 자신을 보며 무력감이 들 수도 있습니다. 그러나 한편으로는 한때 자신이 얼마나 소중한 존재였는지를 떠올리며 자신감을 되찾고 힘을 낼 수도 있을 것 같습니다. 상황은 같은데 절망에 빠질 수도 있고 희망을 품을 수도 있는 걸까요? 그렇다면 어린 시절 엄마가 베풀어준 사랑은 어떤 경우에 우리에게 힘이 되는 것일까요? 훗날 내 아이도 아마 혼자서 힘든 시간을 보낼 때 나지막이 "엄마"를 부를지도 모릅니다. 그때 아이가 자신감을 되찾으려면 아이에게 어떤 사랑을 주어야 하는지, 내 아이가 더 이상은 나의 힘으로 보호할 수 없을 만큼 커버렸을 때 우리는 어떤 방식으로 부모의 역할을 계속할 수 있을지, 시간을 가지고 생각해봐야 합니다.

애착은 무엇을 위해 쓰이는가?

인간은 아무 능력도 없이 태어납니다. 그래서 누군가가 하나부터 열까지 보살펴줘야만 합니다. 보통은 엄마가 그 역할을 맡게 됩니다. 이때 우리가 잘 알고 있듯이 엄마와의 애착관계가 강조되는데, 그 이유는 지극히 분명하며 합당합니다. 만약 아이가 처음부터 강하고 전능한 존재였다면, 아이에게 엄마와의 애착관계 같은 건 아예 필요가 없었을 것입니다. 혼자서도 세상에 나와서 잘 살 수 있을 테니까요. 하지만 아무것도 할 수 없는 나약한 존재인 아이에게 엄마와의 애착관계는 무엇보다 절실합니다.

대략 신생아 때부터 생후 6개월까지가 절대적인 애착관계의 시기입니다. 아이는 엄마에게 절대적으로 의존하고, 엄마는 관심과 정성을 기울여 아이를 보살핍니다. 먹여주고, 입혀주고, 배설을 도와주고, 아프지 않게 살펴주는 등 엄마와의 애착관계는 아이가 생명을 유지하기 위해 필요한 모든 것을 제공하는 데 그 첫 번째 목적이 있습니다.

물론 엄마와 아이의 애착관계가 단순히 아이의 배를 채워주고 생존을 이어가게 해주는 데에만 그 목적이 있는 것은 아닙니다. 아이는 엄마에게 사랑과 관심을 받으며 스스로를 만들어갑니다. 엄마는 아이를 부르고 바라봅니다. 아이를 안고 거울을 보면서 부드러운 목소리로 "이게 바로 너야"라고 말하죠. 이렇게 아이가 스스로를 알게 되는 것은 엄마를 통해서입니다. 엄마는 자신의 모든 것을 동원해 아이가 스스로를 의미 있는 존재로 느낄 수 있게 합니다. 즉, 아이가 스스로를 만들어나갈 힘을 주는 것이 바로 애착관계의 두 번째 목적입니다.

하지만 그런 애착관계에는 반전이 있습니다. 엄마의 사랑을 통해 알게 되고 만들어낸 스스로의 모습, 그런 자신이 의미 있는 존재라는 믿음, 이를테면 자신을 지탱해주는 힘이 어디에 쓰이게 되느냐는 것입니다. 그것은 결국 아이가 엄마와의 애착관계를 끊고 다른 세상으로 나아가는 데 쓰입니다. 스스로 강하다고 느껴야 혼자 설 수 있습니다. 나약하고 비참한 모습으로는 의존관계를 끊을 수 없겠죠. 아이가 성장한다는 것은 독립적으로 살아갈 수 있는 존재가 되어간다는 뜻입니다. 독립이 불가능하다면, 아이는 유아기의 어느 시점에 묶여 더 이상 성장하지 못합니다.

셀렌의 코스프레

—

초록색으로 염색한 앞머리에 높은 굽 샌들을 신은 셀렌•은 무표정한 얼굴로 이어폰을 낀 채 손을 까딱거리고 있었습니다. 저를 보고는 약간 놀란 얼굴이었는데 그 속에 뭔가 반가움 같은 것이 묻어났습니다. 그 이유는 상담을 하면서 알게 되었습니다. 프랑스 메디컬 상담센터 대기실에서 처음 인사를 나눈 셀렌은 학교 가는 것을 두려워하고, 실제로 결석 횟수가 너무 많아 학교에서 상담을 권유했다고 했습니다. 학교에는 일주일에 한두 번, 그것도 겨우 몇 시간만 다녀

• 본문에 인용된 사례들에서 개인의 신상 정보와 관련된 사항들은 재구성했음을 밝혀둡니다.

올 뿐이었죠. 상담 시간에 셀렌이 학교 이야기를 하는 일은 별로 없었는데 어쩌다 하는 얘기도 전부 부정적인 것들뿐이었습니다. 선생님들, 친구들, 학교 시설, 급식까지 학교에서 셀렌이 마음을 붙일 곳은 아무 데도 없어 보였습니다.

셀렌은 아침마다 패닉 상태가 되곤 합니다. 특히 학교 갈 준비를 하느라 거울을 보고 옷을 입을 때, 갑자기 공포에 휩싸이기 시작하면서 현관문을 열고 나갈 수 없을 지경에 이릅니다. 울음이 쏟아지거나 구역질이 납니다. 무언가 자기 모습과의 관계 속에 문제가 있어 보입니다. 그런 날 셀렌은 집에서 하루 종일 잠을 자거나 멍하니 시간을 보냅니다.

그런 셀렌에게도 열정이 하나 있었습니다. 바로 코스프레입니다. 일본 애니메이션의 캐릭터를 따라서 옷을 입고 분장을 하는 것이죠. 동양인인 저를 보고 셀렌의 얼굴이 밝아진 이유가 여기 있었습니다. 일본 만화와 애니메이션을 좋아하기 시작하면서 동양 문화에 호감이 생겼고, 한국의 대중음악도 즐겨 듣는다고 했습니다. 셀렌은 학교에선 외톨이지만 페이스북과 인스타그램을 통해 알게 된 친구들과는 코스프레 이야기를 나누고 가끔 만나기도 합니다. 학교에 가지 않는 날 자기 방에서 나오지 않던 셀렌이 코스프레로 일이 생겼을 때는 기꺼이 외출을 합니다. 심지어 다른 도시에서 열리는 코스프레 전시회에도 적극적으로 참가하죠.

셀렌의 페이스북과 인스타그램은 온통 자기 사진으로 채워져 있는데, 모두 코스프레를 한 모습입니다. 셀렌은 자기가 좋아하는 캐릭터로 변신하고, 이런저런 변화를 주면서 사진을 찍어 올립니다. 제게도 사진들을 보여주면서 아주 만족스럽고 자랑스럽다는 표정을 지었죠. 거울 속의 이미지 앞에서 우울해지고 구역질이 나던 셀렌이 코스프레 분장을 하고 나면 자신만만해집니다. 코스프레를 한 채로라면 더 이상 자신만의 방 안에 숨어 있을 필요도 없죠. 셀렌에게 코스프레는 단순한 복장 놀이가 아니라 심리적으로 주요한 지지대가 되어주고 있었습니다.

너무 오래 지속되는 애착관계

—

셀렌이 겪고 있는 어려움은 사실 엄마와의 관계와 무관하지 않습니다. 셀렌 엄마의 관심은 오직 셀렌뿐입니다. 셀렌이 중학교 3학년인데도 엄마는 셀렌의 하루 일과 전부를 함께 나누고 싶어 합니다.

"저는 엄마에게 모든 걸 이야기해요. 하루에 일어나는 모든 일, 제 마음속에서 일어나는 일 전부요. 엄마가 물어보고 제가 대답해요."

　누군가의 완전한 통제 속에 살면서 스스로의 삶을 만들어내기는 쉬운 일이 아닙니다. 특히 그 '누군가'가 다른 누구도 아닌 엄마일 때, 일은 더 어려워질 수밖에 없습니다. 아이가 엄마와의 관계 속에 갇혀 있다는 건 다른 어떤 관계도 시작하지 못했다는 의미이기 때문입니다.

　셀렌은 집이 아닌 또 다른 세상으로 나아가지 못하고 엄마와 단둘만의 세상에 갇혀 있습니다. 하지만 그건 엄마와 셀렌 모두에게 행복이 아닌 고통을 주게 됩니다. 셀렌이 거울 속에서 확인하는 이미지는 중학교 3학년 여학생의 모습이 아닙니다. 셀렌에게는 엄마에 대한 의존을 끊을 수 있을 만큼 강한 모습이 갖추어져 있지 않습니다. 거울에 비친 자신의 모습을 보면 구역질이 날 만큼 셀렌의 자아는 나약합니다. 어떤 의미에서 셀렌에게는 엄마와의 애착관계가 그 역할을 완수하지 못했다고 할 수 있습니다. 셀렌에게 애착관계를 끊을 수 있을 만큼 강하고 충분한 사랑의 믿음을 주지 못했던 것입니다.

　셀렌은 자신의 모습을 참을 수 없고, 엄마와 잠시도 떨어질 수 없습니다. 그래서 캐릭터 의상을 입고 분장을 합니다. 마치 전장에 나가는 전사가 갑옷으로 무장하듯이, 셀렌은 코스프레로 자신을 무장한 후에야 집 밖으로 나설 수 있습니다. 코스프레를 하면 자랑스럽게 사진을 찍어 올리기도 하고, 엄마와 떨어져 다른 도시로 갈 수도 있습니다. 오직 코스프레라는 보조 장치가 있어야만 강하고 자신감 넘치는 모습을 갖게 되고, 혼자서도 뭔가를 할 수 있게 되는 것입니다.

셀렌에게 코스프레의 역할이 또 하나 있는데, 다른 도시에서 열리는 코스프레 전시회와 관계가 있습니다. 이전에도 참가한 경험이 있고, 저와 상담을 하는 동안에도 꽤 규모 있는 전시회를 두 번 다녀왔습니다. 특이한 점은 그렇게 다른 도시를 갈 때엔, 셀렌 혼자서 씩씩하게 다녀오기도 하지만 온 가족이 함께 동행하기도 한다는 것입니다. 셀렌의 부모님은 5년 전에 이혼을 했고, 셀렌은 엄마와 함께 살고 있습니다. 중학생인 셀렌이 다른 도시를 갈 때, 당일 다녀올 수 있는 일정이라면 엄마는 셀렌 혼자 다녀오는 것을 허락합니다. 하지만 잠을 자고 와야 하는 경우에는 엄마와 셀렌의 여동생, 그리고 따로 살고 있는 아빠까지 함께 길을 나섭니다.

이렇게 다른 도시로 가서 코스프레 전시회에 참가할 때 셀렌은 특별히 엄마 옆으로 아빠를 불러냅니다. 이는 꼭 엄마와 아빠의 재결합을 의도한다기보다는, 적어도 엄마 옆에 자신 말고 다른 누군가가 있는 것이 필요하다는 셀렌의 말 없는 외침과도 같습니다. 자신에게 집착하는 엄마 옆자리에서 비켜서는 것이죠. 셀렌에게 코스프레는 나약한 자신의 모습을 보완해줄 뿐만 아니라, 엄마와 분리되는 것에 부담이나 죄책감을 느끼지 않을 빌미도 마련해주는 것입니다.

코스프레는 셀렌 스스로 찾아낸 삶의 지팡이라고 할 수 있습니다. 셀렌은 그것에 의지해서 한 걸음 한 걸음 바깥세상으로 나아갔습니다. 상담은 그런 셀렌이 엄마 옆이 아닌 사회 안에 자리를 잡을 수 있는 방향으로 이루어졌습니다. 상담을 시작하고 7개월 정도 지났을 때, 다행히도 셀렌은 중학교 졸업시험을 보기로 결정하고 학교에 가서 시험도 보았습니다. 직업고등학교에 진학해서 옷 만드는 일을 배우기로 결정했는데, 물론 코스프레를 할 때 옷을 더 잘 만들기 위해서입니다. 중요한 건 셀렌이 집 밖을 나서기 전에 휩싸였던 공포와 혐오의 감정을 극복하고, 학교에 나가 그 속에 자신의 자리를 마련하기로 마음먹었다는 것입니다.

엄마의 사랑은 잃어버려야 한다

———

엄마의 사랑은 아이에게 힘과 자신감을 줍니다. 엄마를 바라보며 도움을 청하던 아이가 엄마를 떠올리면서 어려움을 이겨낼 수 있다고 스스로를 믿게 되는 순간, 엄마의 사랑이 완성됩니다. 엄마의 사랑은 처음으로 나를 만들어주고 마지막까지 나를 지켜줄 가장 튼튼한 울타리이지만, 그 사랑이 그렇게 튼튼한 울타리가 되는 것은 아이가 엄마의 품을 떠날 수 있을 때 비로소 가능해집니다.

엄마가 베풀어준 사랑이 정말로 의미 있는 사랑이 되는 것은 아이가 그것을 얼마나 잘 잃는가에 달려 있습니다. 엄마가 준 사랑을 잘 잃은 사람만이 현실의 고통 앞에서 쓰러지지 않고 앞으로 나아갈 수 있습니다. 그리고 사랑을 잘 잃을 수 있으려면 그만큼 견고한 사랑의 힘을 믿을 수 있어야 합니다.

힘들고 어려운 일 앞에서 "엄마" 하고 부를 수 있다면, 엄마의 사랑이라는 축복이 있었던 것입니다. 하지만 그 순간 그저 어린 시절의 영광을 추억하며 지금의 초라한 나를 확인할 뿐이라면 엄마의 사랑은 우리가 믿음을 가지고 잃어버릴 수 있을 만큼 견고하지 않았던 것입니다. 엄마의 사랑으로 강한 아이로 자랄 수 있었다면, 그리고 그것을 바탕으로 로 혼자서 세상으로 나올 용기를 가졌다면, 살면서 겪는 아픔들로 고통을 느끼고 좌절해도 다시 일어설 힘을 낼 수 있습니다.

어른이 되는 것엔 두 가지 조건이 있습니다. 우선은 어린 시절 엄마의 사랑을 아낌없이 듬뿍 받아야 합니다. 그리고 반드시 그 사랑을 잃어버려야 합니다. 요컨대 애착관계는 그것이 반드시 끝나고 깨진다는 목표를 이루었을 때만 완성될 수 있습니다. 애착관계가 끝나지 않는다면, 엄밀히 말해 애착관계가 공고하지 않기 때문입니다. 우리가 셀렌과 엄마의 관계에서 확인할 수 있듯이 셀렌은 엄마와의 관계에서, 엄마의 사랑을 통해서 자신에 대한 믿음을 얻지 못합니다. 너무 오래 지속되는 애착관계, 그것은 제 몫을 다하지 못한 애착관계, 제대로 형성되지 않은 애착관계입니다.

애착의
반전

•

아이가 태어나서 제일 먼저 관계를 맺는 방식은 무언가를 달라고 하는 '요구'입니다. 물론 아무것도 모르는 신생아가 먼저 무엇을 달라고 하지는 않겠죠. 아이의 울음, 표정, 몸짓 등에 그와 같은 의미를 입히는 건 엄마입니다. "응… 배고프구나", "왜? 졸려?", "아이쿠, 더웠구나." 엄마는 아이의 모든 것을 엄마를 부르는 신호로 해석하고 필요하다고 여겨지는 것을 제공합니다. 엄마가 주는 것이 반복되면서 아이는 자기가 울면 무언가 만족할 만한 것을 얻는다는 사실을 알게 되고, 이제 엄마가 주던 것을 얻기 위해 울게 됨니다. 눈짓이나 손짓, 표정 등도 마찬가지입니다. 아이 쪽에서 엄마를 알아보고 엄마와의 관계를 적극적으로 시작하는 것은 이처럼 무언가를 달라고 하면서입니다.

특히 신생아가 엄마에게 달라고 하는 것은 배고픔을 채워주는 엄마의 젖(혹은 분유)입니다. 그런데 여기서 우리가 주목해야 할 것이 있습니다. 아이가 젖을 달라고 하는 것은 단순히 배고픔을 느끼고 배고픔을 채우기 위해서만은 아니라는 것이죠. 젖을 달라고 하는 순간부터 아이는 심적으로 엄마에게 매달리기 시작합니다. 배고픈 아이가 먹을 것을 달라고 하는 그 단순한 요구가 아이를 엄마에게 매달리게 만듭니다. 왜 그럴까요? 엄마에게는 아이가 달라고 하는 것을 거절할 수 있는 힘이 있기 때문입니다. 줄 수도 있지만 주지 않을 수도 있다는 것이죠. 바로 이 거절의 가능성에서부터 모든 것이 달라집니다. 아이의 입장에서 엄마의 거절은 단순히 필요한 것을 얻지 못하는 것에 그치지 않기 때문입니다.

엄마, 나에게 응답해주는 사람
—

아이는 엄마에게 젖을 달라고 했지만, 만약 엄마가 주지 않는다면 아이가 받지 못한 건 엄마의 젖만이 아닙니다. 아이가 받지 못한 게 한 가지 더 생깁니다. '내가 달라고 했는데 엄마가 주지 않았어. 엄마가 나의 요구에 응답하지 않았어.' 엄마의 응답, 달리 말하자면 바로 엄마의 사랑입니다. 누군가에게 무언가를 달라고 하는 건 그 사람이 그것을 줄 수 있다는 기대를 바탕으로 합니다. 그렇기 때문에 달라고 했을 때 받지 못하면 '달라고 했던 것'에 대해서뿐만 아니라 애초에 '달라고 하지 않았던 것'에 대해서까지 실망하게 됩니다.

엄마와 아이의 관계뿐 아니라 모든 인간관계에서도 마찬가지입니다. 단지 달라고 한 것을 주지 않겠다는 것뿐인데, 우리는 '왜 주지 않을까?'라는 질문에 사로잡히면서, 마치나 자신이 거부당한 것처럼 서운함을 느끼게 됩니다. 달라고 요구하는 동시에 상대에게는 그것을 거절할 수 있는 가능성이 부여되고, 우리는 그 순간 상대에게 자신의 존재를 맡기게 됩니다. 달라고 한 것을 받지 못할 때 더불어 받지 못한 것처럼 여겨지는 것은 나에 대한 관심과 사랑입니다. 그런데 역설적인 것은 애초에 어떤 것을 달라고 하면서 덤으로 생긴 사랑에 대한 요구가 나중에는 원래 원했던 것보다 더 중요한 것이 된다는 것입니다. 모든 요구는 결국 나의 요구에 대한 관심 어린 응답, 바로 사랑의 응답에 대한 요구이기 때문입니다.

젖을 달라는 아이에게 엄마는 필요한 것을 채워주는 사람을 넘어서 나에게 사랑을 주고, 나에게 응답해주는 사람이 됩니다. 즉, 아이에게는 '내가 필요한 것', '내가 원한 것'보다 '엄마가 주는 것', '엄마가 주고자 하는 것'이 더 중요해집니다. 엄마가 주느냐 주지 않느냐, 엄마가 어떻게 주느냐에 나를 걸게 되는 것입니다. 나의 존재의 의미가 엄마의 처분에 맡겨지는 것이죠. 결국 아이가 무언가를 달라고 한 후 확인하게 되는 것은 내가 그것을 얻었느냐가 아니라, 엄마가 그것에 응답해주었느냐가 됩니다.

최근에 전해들은 지인의 6학년 아들 이야기입니다. 전학하면서 친구들과 헤어지고 외로움을 탔는지 평소 좋아하던 고양이를 키우고 싶다고 부모님을 졸랐다고 합니다. 하지만 동물을 키우는 게 탐탁지 않았던 부모님은 고양이를 사주지 않았다고 합니다. 아이가 당장은 실망하겠지만 곧 괜찮아질 거라고 여겼던 것이죠. 하지만 시간이 지나도 아이가 밝은 모습을 되찾지 못하는 걸 보고 부모님은 고민 끝에 고양이를 사주기로 마음을 바꿨습니다. 그런데 이번에는 아이가 거절을 했다고 합니다. "아니야, 이제 고양이 없어도 돼. 필요 없어."

우리가 자주 경험하는 일 중에 하나입니다. 누군가에게 무엇을 달라고 했는데, 상대가 일단 거절하면 나중에 다시 주겠다고 해도 더 이상 그것을 바라지 않게 되는 일 말입니다. 속된 말로 김이 새는 것이죠. 아이는 키우고 싶어 하던 고양이를 이제는 필요 없다고 말합니다. 원래는 고양이를 원했지만 부모님에게 거절당하자 고양이는 더 이상 아이에게 중요하지 않게 되었습니다. 그보다는 자기가 원하는 것을 주지 않은 부모님에 대해 서운한 맘이 큰 것이죠. 반면 우리는 원한 것을 얻지 못했어도 상대가 진심으로 응답해 주면 마치 그것을 받은 것처럼 여기게 되는 경우를 알고 있습니다. "괜찮아, 그게 뭐 중요해. 네 마음이 중요하지."

두 경우는 서로 상반되는 듯이 보여도 사실은 동일한 논리 속에 있습니다. 애초에 자기가 원하고 바라던 것이 누군가와의 관계 속에서 그 가치를 잃게 된다는 것입니다. 상대방에게서 사랑의 응답을 얻는 것이 중요해지면, 내가 무엇을 바랐는지는 별 의미가 없어집니다. 사랑의 응답을 얻지 못하면 내가 바랐던 것은 무의미해지고, 반대로 사랑의 응답을 얻는다면 내가 바랐던 것을 얻지 못해도 감수할 수 있게 됩니다.

엄마의 사랑에는 반전이 있다

—

사랑의 응답처럼 나의 존재를 가치 있게 해주는 것은 없습니다. 그런데 바로 그 사랑의 응답을 얻기 위해서 나는 '내 것', '내가 바라는 것'을 포기하게 될 수도 있습니다. 나의 존재를 가치 있게 해주는 사랑이 나의 존재를 빈껍데기로 만들 수 있는 것이죠. 이것이 사랑의 양면성입니다. 사랑의 관계 속에서는 내가 원하는 것을 얻지 못하는 것보다 나의 요구가 거절당하는 것이 더 참을 수 없는 것이 되고, 내가 원하는 것을 정확히 얻지 못해도 그에 대한 응답을 얻게 되면 그 관계를 견뎌냅니다. 하지만 오직 그런 사랑의 관계에만 매달리게 된다면 나의 존재는 점점 더 비어가게 될 것입니다. 동일한 맥락에서 엄마가 주는 것, 엄마의 보살핌, 엄마의 사랑만이 줄곧 강조되고 지속된다면, 내가 바라는 것이 지워질 가능성이 커집니다.

내가 원하는 것을 주는 경우라고 하더라도 내가 정말로 원한 것을 얻어내기는 쉽지 않습니다. 무엇을 원하는지 정확히 전달하기도 어렵고, 상대방이 거기에 딱 맞춰서 주기는 더 어렵습니다. 물론 자기가 원하는 것과 엄마의 응답 사이의 간극을 그리 크게 느끼지 못할 수 있습니다. 엄마가 주는 것으로 원하는 것을 채우며 엄마의 사랑을 확인할 수도 있습니다. 하지만 아이가 성장하면서 스스로 바라는 것이 많아지고 복잡해지면 엄마와의 관계 속에서 원하는 것을 얻어내기는 점점 어려워집니다.

아이가 원하는 것을 오로지 엄마에게 요구해 채울 수밖에 없다면, 즉 엄마의 응답에 종속된다면, 아이는 자신이 원하는 것을 독립적으로 원하지 못하게 됩니다. 자신의 존재를 보장해줄 것 같았던 엄마와의 사랑의 관계가 어느 순간 자신의 존재를 위협합니다. 그리고 자신이 원하는 것을 잃어버리고 엄마의 응답에 매달린 채로 살아가기를 계속한다면, 엄마가 주는 아무리 좋은 것도 아이의 존재를 채워줄 수 없게 됩니다.

요컨대 달라고 한 것보다 사랑의 응답이 중요해지고, 그런 관계가 너무 오래 지속되거나 유일한 관계가 되어버리면, 사랑의 응답에 묶이면서 존재가 비워질 수 있습니다. 자기가 바라던 것을 잃고, 존재에 의미를 주었던 사랑이 존재를 무의미하게 만들어버리는 반전을 낳게 되는 것이죠.

엄마가 놓지 않는 손

—

만약 아이가 엄마가 주는 것들에 혐오감을 보이고, 엄마가 주지 않는 것 혹은 금지하는 것에 유독 관심을 보인다면, 엄마가 주는 것, 즉 엄마의 사랑을 받는 대신에 아이가 스스로 바라는 것을 포기해왔고, 그로 인해 자신을 잃을 지경에 처한 것은 아닌지, 그래서 엄마의 사랑을 벗어나려는 마음이 생긴 것은 아닌지 한 번쯤 의심해봐야 합니다.

프랑스 메디컬 상담센터에서 만났던 초등학교 4학년 미셸은 제게 이런 의심을 불러일으킨 아이였습니다. 엄마에게 매우 다정했던 미셸과 상담에서 나눈 대화 때문입니다. 첫 상담 시간에 대기실로 미셸을 데리러 갔을 때 아이는 편안한 표정으로 발 장난을 하고 있었습니다. 앞쪽에 앉아 있는 사람이 미셸의 어머니라고 생각하면서 아이에게 다가가 인사를 했습니다. 그때 화장실 문이 열리면서 나온 분이 자신이 미셸의 엄마라고 소개했습니다.

미셸의 엄마는 미셸이 자신과 잠시라도 떨어지면 불안해한다고 말했습니다. 엄마는 말하면서 미셸을 쳐다봤고, 아이는 그런 엄마를 향해 동의한다는 듯한 눈길을 보냈습니다. 말하고 있는 엄마의 손을 꼭 붙든 미셸의 모습이 인상적이었습니다. 제게는 오히려 미셸이 엄마를 진정시켜주고 있는 느낌이 들었기 때문입니다. 그러고 보니 미셸은 대기실에서 엄마가 화장실에 가 있을 때도 그다지 불안해 보이지 않았습니다.

어느 날 미셸이 입은 티셔츠를 보면서 제가 물었습니다.

"아, 네 티셔츠 네가 고른 거니?"

아이의 티셔츠는 초등학생보다는 성인이 입을 법해 보였습니다. 한가운데 커다랗게 여자의 사진이 있었거든요. 아이가 답했습니다.

"아니요. 엄마가 사줬어요. 미국 물건들만 파는 가게가 있어요. 거기서 산 거예요."

"아, 엄마가 거기 자주 가시니?"

"네, 엄마는 전부 다 거기서 사요. 옷이랑 가방이랑 집에 있는 커튼하고 카펫도 전부 거기서 산 거예요."

"엄마가 미국을 좋아하시나?"

"네, 아주 좋아하세요."

"너도 좋아?"

"네? 전혀요. 미국 진짜 싫어요. 미국에는 절대로 안 갈 거예요."

아이는 엄마가 좋아하는 미국에 진저리를 냅니다. 미국

이 그렇게 싫으니 엄마가 사주는 미국 물건들도 마음에 들지 않겠죠. 이후 몇 차례 계속된 상담을 통해 미셸은 이미 엄마와의 관계에서 자립할 준비가 되어 있음을 가늠할 수 있었습니다. 입고 싶은 옷이나 야구 모자 사진을 보여주기도 하고, 자기가 원하는 물건을 사는 친구들을 부러워하기도 하고, 함께 영화를 보러 외출하는 친구 부모님 이야기를 들려주기도 했습니다. 미셸 엄마의 말대로라면 미셸은 엄마와 잠시도 떨어질 수 없는 아이입니다. 하지만 아이와의 끈을 놓지 못하는 것은 오히려 엄마 쪽인 것 같아 보였습니다. 미셸이 원한다는 이유를 들어 미셸을 아이처럼 보살피고, 필요한 것들을 준비해주고, 거의 모든 시간을 같이 보내려고 했으니까요.

엄마는 아이를 사랑하지만, 아이도 그 못지않게, 어쩌면 그보다 더 엄마를 사랑합니다. 처음에 내밀었던 손을 엄마가 잡아주었다면, 엄마가 놓지 않는 이상 아이가 손을 빼기는 어렵습니다. 엄마가 안 보여도 발 장난을 치며 놀 만큼 여유가 있지만, 자기를 잠시도 떠날 수 없는 아이라는 말에 미셸은 반박하지 않고 엄마 손을 잡아줍니다. '진짜' 싫어서 '절대' 가지 않을 나라지만, 엄마가 사준 미국산 티셔츠를 말없이 입고 다닙니다. 미셸이 매사에 힘이 없고 우울해한다는 이유로 미셸 엄마는 미셸의 상담을 시작했습니다. 엄마가 보기에 우울한 미셸은 막상 상담 시간에는 우울해 보이지 않았습니다. 자기가 좋아하는 것들에 대해 이야기할 수 있었으니까요. 엄마와의 사랑의 관계를 유지하는 대가로 미셸은 자기가 좋아하는 것들을 엄마가 좋아하는 것들로 바꾸어야 했습니다. 하지만 자기가 원하는 것을 버리는 일이 미셸에게 아무런 영향이 없을 리는 없겠죠.

이제 미셸을 만족시켜줄 것들은 미셸 스스로 선택할 수 있어야 한다고 여겨집니다. 물론 사랑하는 엄마의 다정한 응답은 아이에게 필요하고 아이가 원하는 것이기도 합니다. 하지만 아이가 원하는 것을 엄마가 다 해주는 것, 그리고 엄마가 해주는 것 이외에 다른 것을 바라지 못하는 것은 아이 자신이 지워지는 결과를 낳을 수 있습니다.

"이제 우리는 어른이 되었습니다"

—

지금은 초등학교 고학년이 된 지인의 딸이 여섯 살 때 지은 글이 있습니다. 어느 날 이런 이야기가 머릿속에 떠올라서 썼다고 하더군요. 아이는 글 앞에 '나도 그곳에 가고 싶다'라는 제목을 붙였습니다. 아이가 쓴 글을 옮겨봅니다.

어느 날 큰어머니가 세 명의 딸을 낳으셨습니다. 한경이는 첫째 딸, 경민이는 둘째 딸, 은소는 셋째 딸로 태어났습니다. 어느 날 한경이와 경민이는 초등학교에 갔습니다. 한경이와 경민이는 소풍을 가고 은소는 유치원에서 그림을 그렸습니다. 은소는 언니들이 부러웠습니다. 언니들은 초등학교에서 돌아와 풍경과 이야깃거리를 내놓았습니다. 은소는 상상만 해도 기뻤습니다. 언니들은 소풍 때 과자파이와 점심과 조용한 산책과 우물가에 가고 들판에서 종이접기를 하였습니다. 은소가 좋아했던 것이었습니다.

한경이와 경민이는 초등학교를 졸업하고 중학교에 입학했습니다. 은소는 기뻤습니다. 바로 오늘이 소풍날이었습니다. 하지만 언니들이랑 똑같은 버스를 타진 않습니다.

다음 날 큰어머니는 우리에게 작별인사를 하시고 세상을 떠나셨습니다. 그래서 우리는 무덤에 꽃을 심어놓았습니다. 그래서 한경이와 경민이는 엄마 대신 과일과 반찬, 쌀 등을 사놓고 밥을 차렸습니다. 은소는 언니들한테 밥 접시를 갖다 주고 숟가락과 젓가락도 갖다 주었습니다.

그렇게 밥을 먹는데 월요일 날 시장이 닫고, 비젠마트와 백화점이 열렸습니다. 어느 날 학교가 방학했습니다. 우리는 신이 났습니다. 마트와 백화점에서 마음껏 살 수 있으니까요. 이제 우리는 어른이 되었습니다. 그래도 우리 세 명 형제는 오래오래 행복하게 살았답니다.

세 자매 이야기인데 그 자매들을 낳은 엄마를 아이는 큰어머니라고 부릅니다. 아이의 이야기는 큰어머니가 돌아가시기 전과 후로 나뉩니다. 소풍을 가서 은소가 좋아하는 것들을 하는 건 언니들입니다. 시간이 지나고 또 소풍날이 되었지만 은소는 언니들과 같은 버스를 타지 못합니다. 그런데 큰어머니가 돌아가시고 나니 은소는 언니들이 밥상 차리는 걸 함께하고, 원하는 것들을 마음껏 사는 일도 언니들과 같이 합니다. 그리고 어른이 되어 오래오래 행복하게 산다고 합니다.

은소가 언니들처럼 되려면 큰어머니가 돌아가셔야만 했습니다. 큰어머니의 죽음 앞에서 울기보다는 의연하게 예를 갖추고 이후 스스로 하고 싶은 일들을 하면서 행복하게 지냅니다. 아마도 아이가 원하는 것은 큰어머니의 죽음이 아니라, 자기가 원하는 것을 언니들처럼 신나게 하는 시간이었을 것입니다. 큰어머니가 계시는 동안에는 아무래도 좀 힘들어 보이는 일입니다. 어른이라면 그런 바람은 꿈으로나 나타날 수 있을 겁니다. 아직 어린 나이라 글에 직접

드러나는 것이죠. 볼수록 흥미로운 이야기입니다.

사랑이란 우리가 알고 있는 것들 중에서 최고로 좋은 것이지만, 아이러니하게도 부족할 때 진짜 사랑이 됩니다. 아이와 엄마의 사랑도 마찬가지입니다. 아무리 엄마가 아이에게 좋은 것들을 베푼다고 하더라도 엄마에게 아이가 전부고 엄마가 주는 것이 아이의 전부가 된다면, 아이는 스스로 원하는 것을 포기하고 엄마의 마음에 매달리는 종속적인 존재가 되어버립니다. 그것은 아이로 하여금 불안을 느끼게 하는 역설적인 효과를 냅니다. 좋은 것을 주는데도 불안해지는 것, 엄마와 아이의 둘만의 세상이 만들어낸 결과이면서 그것을 끝내게 만드는 원인이 됩니다.

엄마의 사랑이
아이를 압도할 때

•

마리는 초등학교 1학년 여자아이인데, 겨울 방학 동안 스키장에 갔다가 다리를 다쳤습니다. 아주 심각하지는 않았지만 양쪽 다리 모두 깁스를 해서 당분간은 엄마가 옆에서 보살펴야 했습니다. 엄마는 회사에 휴가를 내고 마리를 병원에 데리고 가는 것은 물론이고, 모든 일상생활을 함께하게 되었습니다. 마리는 하루 종일 엄마와 함께 시간을 보냈습니다. 그렇게 겨울방학을 보낸 마리에게 어떤 증상이 생겼습니다. 일종의 공포증이었는데, 집 밖이 무섭다고 하면서 방문을 잠그고 잘 안 나가려고 했죠. 어렵사리 외출을 해서도 낯선 사람을 보면 두려워하면서 엄마 뒤로 숨었습니다.

겉으로 드러나는 증상으로만 본다면 흔히 말하는 일종의 퇴행으로 보일 수도 있겠죠. 쉽게 말해 지금보다 더 어린 시기로 돌아가고 싶어 한다는 것입니다. 초등학교 1학년이면 자립적인 면들이 시작되거나 어느 정도 이루어진 시기인데, 몸을 다치는 바람에 엄마의 보살핌과 사랑을 받으면서 그런 시간들에 만족하고, 매달리고, 이용하고 싶어 하는 마음이 생겼다는 것이죠.

물론, 엄마에게서 관심과 사랑을 받으며 보내는 시간이 기쁘지 않을 리 없습니다. 게다가 이제는 많은 것들을 스스로 해내고 버텨야 한다고 생각했는데, 다리를 다치면서 말 그대로 아기 때처럼 지낼 수 있는 기회를 정당하고 떳떳하게 얻게 되었으니 마냥 만끽하고 즐기고 싶을 수도 있습니다. 마리의 증상을 이런 맥락으로만 본다면, 마리가 바라는 것은 오직 엄마 옆에서 사랑과 관심을 듬뿍 받고자 하는 것이 됩니다. 하지만 조금 더 들여다보면, 마리에게 생긴 증상에는 다른 면이 있다는 것을 알게 됩니다.

아이의 공포증이 가리키는 것

—

마리의 공포증을 퇴행이라고 본다면 공포증이 나타난 이유가 엄마와의 밀착을 연장하는 데 있다고 보는 것인데, 이는 공포증에 대한 명백히 잘못된 해석입니다. 사실 마리의 증상은 자신이 처해 있는 상황, 즉 막다른 골목 같은 궁지에 몰려 있는 처지를 잘 보여주고 있습니다.

증상은 그 사람이 처한 상황을 알려줍니다. 당연한 이야기죠. 어떤 증상이 생겼다면 그것의 원인이 있을 테니까요. 몸에서 나타나는 증상을 생각해볼까요? 감기, 콧물, 열 등의 증상이 나타나면 우리는 그 원인을 유추해볼 수 있습니다. 일교차가 심해서, 면역력이 떨어져서, 꽃가루 알레르기가 있어서 등등. 이를 심리적인 차원에 대입해보면 공포증이라는 증상은 불안을 겪는다는 사실을 가리킵니다. 원인을 알 수 없는 불안이 내 존재 자체에 대한 위협으로 느껴질 때, 무서운 대상을 확실하게 지정하여 불안을 그 대상 안에 가두어 제한하는 것이 공포증입니다. 공포증에 목적이 있다면, 그것은 다름 아닌 불안을 피하는 것입니다.

마리의 공포증은 마리의 불안을 가리킵니다. 다시 시작된 엄마와의 밀착과 그에 따른 종속이 불안을 안겨준 것입니다. 초등학생이 된 마리는 나름대로 엄마의 울타리를 벗어나 새로운 세계로 나아가는 중이었는데, 다리를 다치면서 엄마와 밀착되고, 다시금 엄마의 세상에 묶이게 됩니다. 스스로의 자리를 만들던 중에 엄마의 품속으로 되돌아간 것이죠. 게다가 제대로 움직이지도 못하는 상황에서 엄마에 대한 의존은 더 강해지는데, 사실 마리를 대하는 엄마의 태도도 한몫을 했으리라 여겨집니다. 마리의 엄마는 이미 초등학생인 마리를 여전히 "우리 아가"라고 부릅니다. 그리고 매번 마리의 행동 하나하나에 개입해서 주의를 주곤 했습니다. "조심히 걸어", "옷 벗어", "옆에 놔야지" 등등. 마리의 공포증은 스스로 엄마를 멀리하기 위해 고안해낸 일종의 방어책이라고 할 수 있습니다. 공포증이 '무언가 무서운 것'(공포의 대상)을 만들어서 '더 무서운 것'(불안)을 피하는 것이라면, 마리에게 무서운 것은 바깥세상이고 더 무서운 것은 엄마와의 세상입니다. 마리에게 엄마와의 세상은 엄마에게 의존하고 종속되는, 독립적인 자신이 사라질 수 있는 불안한 세상입니다.

가능한 것과 불가능한 것

—

흔히 생각하는 것과 달리 공포증은 실제로 위험한 것과는 관련이 없습니다. 이는 어린아이뿐 아니라 성인의 공포증도 마찬가지입니다. 공포증이 있는 사람에게 그것이 전혀 위험한 것이 아니니 겁먹을 필요가 없다는 설명은 아무런 소용이 없습니다. 일반적으로 말하는 '저것이 무섭다'라고 할 때의 두려움과 공포증의 두려움의 차이가 바로 여기 있습니다. 공포증의 핵심은 무엇을 두려워하느냐가 아니기 때문입니다. 객관적으로 공포스러운 것을 두려워하는 것이 공포증이 아니라, 그렇지 않은 것을 두려워하는 것이 공포증입니다. 정말로 위험한 것을 두려워한다면 그것은 공포증이 아니라 지극히 당연한 반응이죠. 바로 이것이 공포증의 핵심입니다. 그렇다면 왜 '무섭지 않은 것'을 무서워하는 것일까요? 이미 말했듯이, 더 무서운 불안을 피하기 위해서입니다.

모든 공포증은 무서운 것을 확실하게 지정합니다. 마리의 경우처럼 집 밖을 무서워하거나 아니면 흔히 알고 있듯이 개나 새 같은 동물, 폐쇄적인 공간, 높은 곳 등 모두 확실하게 지정되는 것들을 무서워합니다. 공포증이 있으면 밖에 나갈 수 없고, 개나 새 옆에 가거나 만질 수 없고, 특정한 공간에 가지 못합니다. 할 수 없는 것, 갈 수 없는 곳이 생기죠. 그런데 바로 그 덕분에 할 수 있는 것, 갈 수 있는 곳이 생깁니다.

존재 자체에 위협을 가하는 불안은 우리를 옴짝달싹 못하게 합니다. 불안한 순간과 불안하지 않은 순간에 대한 구분이 불가능하고, 따라서 불안을 피하기 위해 아무것도 할 수 없습니다. 내 존재 전체를 사로잡고 압도하는 이 두려움이 도대체 어디서 오는지, 무엇을 피하면 되는 건지 알 수 없기 때문입니다. 하지만 특정 대상이 지정된 공포증은 이런 식의 두려움이 아닙니다. 개 공포증이 있는 사람이 길을 가다가 개를 만나면, 도망을 가거나 소리를 쳐서 도움을 청합니다. 이때 어떤 말을 해야 할지는 분명합니다. "개 좀 잡아주세요. 개가 무서워요."

불안에 사로잡힌다면, 우리는 더 이상 우리 자신일 수 없습니다. 압도적인 불안 앞에서 나 자신으로서 사고하거나 말하거나 행동할 수 없기 때문입니다. 하지만 공포증을 가지고 있다면, 그 대상 앞에서도 우리는 여전히 우리 자신입니다. 무섭다고 생각하고 말하고 행동할 수 있기 때문이죠. 또한 무섭고 위험한 것만 피하면 다른 것은 안전하고 접근

가능한 것이 됩니다. 개가 있으면 무섭지만, 개가 없으면 무섭지 않습니다. 개가 있으면 아무것도 할 수 없는 공포 앞에 놓이지만, 개가 없는 곳에서는 정상적으로 행동할 수 있습니다. 가능성과 불가능성의 '경계'가 만들어지는 것입니다. 공포증은 존재 자체가 불안으로 위협받는 사람이 자구책으로 만들어내는 해결책 중 하나입니다. 개라는 공포증의 대상이 없다면, 세상은 오직 하나의 불안 덩어리일 뿐이죠. 하지만 개가 있기 때문에 무섭거나 무섭지 않은 곳, 무언가를 할 수 있거나 할 수 없는 곳으로 구분이 됩니다.

아이의 세상에 경계가 없다면

—

엄마와 하나로 묶인 세상은 불가능이 없는, 익숙하고 안전한 세상입니다. 엄마 품에 안긴 아이는 못 갈 곳이 없습니다. 아무리 새로운 장소라고 해도 두렵지 않습니다. 낯선 것을 보고 두려움을 느끼려는 순간 엄마 품에 뛰어들어 얼굴을 묻고 눈을 돌리면 됩니다. 두려움을 느낄 여지 없이 아이는 안전한 세상 속에서 다른 것들을 모른 척할 수 있습니다. 이는 엄마 품속에서는 모든 곳이 동일한 장소라는 의미입니다. 모성의 세계가 그리는 지도에는 상류도 하류도, 산맥도 없습니다. 경계가 없기 때문입니다. 오직 젖과 꿀이 흐르는 드넓고 풍요로운 평야만이 있습니다.

우리는 흔히 안전한 것, 편안한 것, 풍요로운 것이 제일이라고 생각합니다. 물론 중요합니다. 하지만 그런 세상만 알고 그런 세상 속에서만 살아간다면 모순적이게도 우리는 안전도 평안도 누리지 못하고 오히려 불안에 휩싸이게 됩니다. 중요한 것은 경계가 있는 세상을 배워야 한다는 것입니다. 경계가 있는 세상이라야 그 속에 자신의 자리를 만들 수 있습니다. 당연한 듯 자연스럽게 살아가고 있지만, 우리가 살아가는 모든 세상은 경계가 있고, 그 속에서 우리는 매 순간 자신의 자리를 매깁니다.

엄마 품속에서라면 아이는 경계가 있는 공간을 체험하고 배울 수 없습니다. 점점 더 엄마와의 세상 속에 갇히고 엄마에게 매달려 사는 존재가 될 수밖에 없습니다. 무엇보다 엄마의 사랑만으로 묶인 자리에서 아이는 다른 것을 참조할 수 없습니다. 오직 엄마의 마음, 엄마의 뜻, 엄마의 의지만이 있습니다. 안전한 그 세상 속에서 아이는 스스로를 잃지 않을까 불안에 휩싸입니다.

엄마의 품을 벗어나기 위해 가장 먼저 만들어져야 하는 경계는 엄마의 품 밖입니다. 말하자면 엄마가 없는 곳이죠.

경계는 이것과 이것이 아닌 것 사이에 만들어지기 때문입니다. 대한민국과 대한민국이 아닌 곳과의 경계가 국경인 것처럼 말입니다.

마리는 집 밖을 무서워합니다. 무서운 곳이 집 밖으로 한정되면서, 엄마와 함께하는 집 안과의 경계가 생기죠. 집 안의 세상 말고, 집 밖이라는 무서운 세상이 존재하게 되면서 공간이 안팎으로, 안전과 위험으로 구분되기 시작합니다. 상담과 분석을 하다 보면 마리와 같은 사례를 쉽게 볼 수 있습니다. 한국에서도 마리와 매우 유사한 경우가 있었고, 압도적인 엄마의 존재감에 늘 엄마의 감시를 두려워하던 아이가 밖에서 들리는 작은 소리에도 민감하게 반응하며 무섭다고 이야기하던 사례도 있었습니다.

다섯 살 여자아이 지희는 집에 있을 땐 마트에서 불이 날 것 같아서 무섭고 마트에 가면 집에 불이 날 것 같아서 무섭다고 합니다. 이는 우리가 지금까지 이야기한 두려움이 경계를 만들어준다는 말을 잘 보여줍니다. 실제로 가능성이 거의 없는 화재에 대한 두려움을 자신이 있는 곳과 아닌 곳, 자신과 외부를 구분하는 수단으로 이용합니다. 두려움이라는 경계를 통해 안전한 공간과 불안전한 공간이 구분되는 것입니다. 두려움은 자신이 있는 곳의 외부에 다른 공간이 있다는 것을 분명히 알게 해줍니다.

엄마와의 세계와 금 긋기

—

공포증은 유아기 아이들에게서 자주 나타나는 증상입니다. 그리고 공포증이 있다면, 아이가 불안을 느끼고 있다는 의미입니다. 그런데 앞서 말했듯이 불안은 존재에 관련된 문제입니다. 세상 속에서 자신의 자리가 불안정해 사라져버릴 수도 있다는 두려움에서 연유합니다. 이는 이제 막 자립을 해야 하는 시기에 자립이 진행되지 않고 누군가의 통제 하에 머물고 있다는 이야기이고, 우리의 가족 구조상 그것은 주로 엄마와의 관계에서 비롯됩니다.

아이의 실질적인 발달과 성장은 오로지 아이의 독립을 향해 나아갑니다. 목도 못 가누던 아이가 걷기 시작하고, 입만 벌리던 아이가 말을 하기 시작하죠. 점점 더 혼자서 할 수 있는 일들이 많아지는 것입니다. 그런데 그러한 성장의 방향을 거슬러 엄마와의 애착이 계속해서 연장된다면 아이는 혼란에 빠지게 됩니다. 그럴 때 아이에게 나타날 수 있는 증상 중 하나가 공포증입니다. 명확한 어떤 것을 무서워하기 시작하면서, 그것과 엄마의 세계에 금을 긋는 것이죠.

아이가 엄마와의 세상에서 벗어나려면 가장 먼저 엄마에게 속하는 공간과 그렇지 않은 공간을 구분할 수 있어야 하기 때문입니다. 엄마가 없는 곳, 엄마의 의미 안에 포함되지 않는 곳이 등장해야 한다는 것입니다. 하지만 증상으로서의 공포증이 만들어주는 경계선은 임시적인 것에 불과합니다. 공포를 동원해 만들어내는 불안정한 것이죠.

무언가 변화가 일어나고 다른 차원으로 넘어가기 위해서는 반드시 단절과 도약이 필요합니다. 그것은 실패로 남기도 하고, 어긋난 방식으로 이루어지기도 하죠. 따라서 아이가 엄마와의 애착관계에서 벗어나 스스로 독립할 수 있는 계기를 만드는 단절과 도약에는 엄마와 아빠의 역할이 요구됩니다. 그 역할이 제대로 수행되어야만 아이가 증상 없이 견고하게 경계선을 만들고, 올바른 방식으로 불안에서 벗어날 수 있게 됩니다.

미래라는 시간은 저절로
열리지 않는다

·

아이는 성장해야 합니다. 앞을 향해 달리는 시간을 살아가야 한다는 의미입니다. 시간이 앞을 향하는 건 당연한 이치인데 굳이 왜 이런 말을 하는지 의아할 수도 있습니다. 하지만 시간이 누구에게나 앞을 향해 흐르는 것도 아니고, 그것이 생각만큼 자연스럽게 일어나지도 않습니다.

우리는 시간을 과거, 현재, 미래로 이해합니다. 나이가 좀 드니 "내가 어렸을 땐…" 하면서 아쉬워하는 일이 많아집니다. 오랫동안 만나지 못한 사람들을 궁금해하고, 옛 사진을 뒤적이고, 예전에 했던 일들을 추억하며 시간을 되돌아봅니다. 앞을 향하던 내 시계를 뒤로 되돌리는 것이죠. 그렇다면 어렸을 땐 어땠나요? 그때 우리는 "내가 커서 어른이 되면…"이라고 말하면서 설레었죠. 한 번도 만나보지 못한 사람들과 해보지 않은 일들을 상상하면서, 아직 오지 않은 시간 속에 있을 내 모습을 그려보았습니다.

물론 시간은 과거에서 미래를 향해 흘러가고 우리는 현재에 있습니다. 삶은 시간의 흐름을 벗어날 수 없으며, 그에 따른 변화를 피할 수도 없습니다. 하지만 각자의 체험에서는 그런 절대적인 시간 개념이 그대로 적용되진 않습니다. 시간이 흐른다고 해서 모두에게 미래가 열리는 것도 아니고, 모두에게 과거의 추억이 가능한 것도 아니죠. 지나간 시간을 과거로 간직하고 앞으로 올 시간을 미래로 전망하는 것은 자동으로 이루어지는 일이 아닙니다.

"자고 일어나도 나는 여전히 똑같은가요?"
—

여섯 살 엘로디는 매일 밤 잠자기 전, 내일 아침에 일어날 때 자신이 오늘과 똑같을지, 세상이 오늘과 똑같을지를 질문합니다. 잠들기 전 불안에 휩싸여 몇 번을 되풀이해 묻고 똑같을 거라는 답을 들은 후에야 안심하고 잠이 듭니다. 비단 엘로디만이 아니라 이와 유사한 사례들이 꽤 있습니다.

　잠드는 것에 불안을 느끼고, 잠들기 전과 잠에서 깬 후가 변함없이 동일해야 한다고 생각하는 엘로디는 앞으로 나아가는 시간이 아니라 동일한 오늘을 반복하는 멈춰진 시간 속에 있는 아이입니다. 엘로디는 무엇 때문에 오늘을 떠나보내고 새로운 하루를 맞이할 수 없는 것일까요? 무엇 때문에 현재의 순간을 끝내고 미래로 건너갈 수 없는 걸까요? 답은 이미 엘로디의 물음 속에 있습니다. "자고 일어나도 나는 여전히 똑같은가요?" 잠을 자서 오늘이 지나고 내일이 되어도 자신은 오늘과 똑같은 엘로디여야 한다는 것입니다. 이 아이는 왜 똑같은 엘로디로 머물러야 하는 걸까요? 왜 자신이 달라지는 것에 대해 불안을 느끼는 것일까요?

　미래라는 시간이 열리는 것은 현재의 나를 포기하면서부터입니다. 이때 현재의 내가 완벽하게 만족스럽다면 포기는 쉽지 않겠죠. 지금 여기에서 모든 것이 충족되어 부족함을 느끼지 않는 아이는 현재를 만끽할 뿐 벗어나려고 하지 않습니다. 만족이 깨지고 현재의 내게 어떤 결핍이 생겨야만 그것을 채우고자 하는 전망이 생길 수 있습니다. 전망이란 현재와의 간극입니다. 앞서 말했던 "내가 커서 어른이 되면"이죠. "내가 커서 어른이 되면 넘어지지 않을 거야", "내가 커서 어른이 되면 말도 잘할 거야", "내가 커서 어른이 되면 큰 가방을 멜 거야", "내가 커서 어른이 되면 힘이 세질 거야."

뒤집어 말하면, 엄마의 사랑이 흘러넘치기만 한다면, 아이는 굳이 커서 어른이 될 필요를 못 느낀다는 것입니다. 엄마의 넘치는 사랑 속에서 모든 것이 만족스러운 아이는 현재 자신의 모습에서 균열이나 결핍을 찾을 수 없습니다. 따라서 현재의 나를 버릴 이유가 없습니다. 그렇게 아이에게는 미래에 대한 전망이 차단됩니다. 미래는 오늘의 나를 떠나보냈을 때, 그 빈자리에 오게 될 내일의 나에 대한 기대에서 열리기 때문입니다.

우리에게 잠은 일종의 '작은' 이별이자 죽음입니다. 오늘의 시간과의 이별, 오늘의 시간의 죽음입니다. 엘로디는 그런 작은 이별과 죽음을 거부하고, 그것이 마치 정말 끝인 것처럼 불안에 휩싸입니다. 오늘을 떠나보내지 못하는 엘로디는 자고 일어나도 오늘, 또 자고 일어나도 오늘을 만납니다. 자신의 모습도 계속 같은 모습을 유지하고 있습니다. 엘로디에게 내일의 나에 대한 전망이 불가능했던 이유는 사실, '나'가 제대로 만들어지지 않았기 때문입니다. 엘로디는 엄마에게 전적으로 의존하고 있었고, 거기서 벗어나기를 두려워하고 있었습니다. 겉으로 보기에 엘로디는 그러한 의존을 지속시키길 원하고, 자신이 존재하는 순간에 만족하는 것만 같습니다. 하지만 그에 대한 대가로 미래를 향해 가는 시계는 멈추고, 매일 밤 불안감에 휩싸여야 했습니다.

엄마와 분리된 존재로서의 '나'의 개념이 만들어지려면 아이가 '엄마 밖'의 다른 세상을 살피고, 그런 세상처럼 되고 싶다는 전망을 만들어내야 합니다. 그리고 이것이 가능하려면 엄마의 삶에 다른 여지가 생겨야 합니다. 즉, 엄마의 사랑이 온전히 아이만을 향하는 것이 아니라 다른 곳으로도 향해야 한다는 말입니다. 엄마가 현재의 '나'만으로 완전히 만족하지 못하는 것 같을 때, 아이는 엄마 주변을 살피게 되고, '엄마가 나 말고도 사랑하는 것 같은 누군가'처럼 되고자 하는 마음이 생깁니다. 이를테면 넘어지지 않고, 말도 잘하고, 큰 가방도 멜 수 있는 힘센 사람입니다. 나와 엄마가 아닌 다른 존재가 나의 세상에 들어와 나의 현재의 만족을 깨기 시작해야 현재의 내가 아닌 다른 나를 꿈꿀 수 있게 되는 것이죠. 그리고 바로 그렇게 '현재의 나와 간극을 가진 나'를 전망할 때에야 비로소 시간이 앞을 향해, 미래를 향해 흐르게 됩니다.

미정이네 부모님은 미정이가 매사에 무기력하고 하고 싶

은 게 없어 걱정이라고 상담을 신청했습니다. 미정이는 초등학교 5학년 여학생입니다. 처음엔 부모님이 말씀하신 대로 뭔가 기운이 없고 침울해 보였습니다. 그런데 몇 번 상담을 거치면서 이야기하는 것을 보니, 미정이에게 꽤나 발랄하고 수다스러운 면이 있었습니다. 집에서나 학교에서와 달리 상담 시간에는 마음 편히 자신의 이야기를 할 수 있고, 무언가를 지적받거나 간섭받지 않아서일 수 있겠죠. 하지만 미정이가 가지고 있는 문제의 핵심은 다른 데 있었습니다. 미정이는 상담 시간에 적극적으로 많은 이야기를 했습니다. 그런데 그런 이야기 속에 '앞으로의 미정이'는 등장하지 않았습니다. 미정이는 자신의 미래를 언급한 적이 없습니다. 미정이에게는 미래의 미정이는 없고 한결같은 현재의 미정이만 있습니다. 미정이가 아무리 발랄하게 이야기하더라도 그것이 그저 수다가 될 수밖에 없고, 여전히 무기력하게 남아 있을 수밖에 없는 이유입니다.

현재를 붙들고 살면 시간은 흐르지 않고 정체되어 곪아 터집니다. 겉으로 보기에, 또 스스로 느끼기에 완벽한 만족을 주는 삶이 오히려 무기력함에 노출되는 이유입니다. 현재의 자신과 주변의 환경이 부족한 게 없는데 이상하게 마음이 허망하고 스스로 할 수 있는 것이 없는 것처럼 여겨지는 것입니다.

과거의 나에 집착하는 것도 동일한 맥락에 있습니다. 집착이란 그것을 붙잡고 떨어지지 못하는 것이죠. 이따금씩 회상하는 것과는 다릅니다. 지난 시간을 회상한다는 것은 과거를 현재에서 바라보고 해석하는 것입니다. 현재의 내가 나무의 나이테처럼 여러 겹의 두께를 지니고 있는 것이죠. 하지만 과거의 어느 순간에 집착한다는 것은 지금의 나를 그때의 나로 환원하는 것입니다. 그동안의 시간의 흐름을 무로 돌리고, 여러 겹의 부피를 가진 나를 납작하게 만드는 것입니다. 나아가 과거에 대한 향수가 깊어지면 현재의 삶이 무기력해지고, 우울감에 빠지게 됩니다. 아이들도 마찬가지입니다. 이런 경우 아이들 성장의 힘이 되는 "내가 커서 어른이 되면"은 사라지고, "내가 더 어렸을 적에"가 자리 잡게 됩니다.

지금의 나와 다른 나에 대한 여지

아이들이 자라는 과정에는 젖과 꿀만 흐르지 않습니다. 경험해야 하는 현재에는 많은 어려움들이 산재해 있죠. 그렇다면 이 어려움들을 어떻게 벗어날 수 있을까요?

미래에 대한 전망이 열리면 앞으로 나아가기 위해 현실의 어려움들을 해결하면서 현재를 지나가게 됩니다. 하지만 이런 과정은 지난하기에 손쉬운 길을 택하기도 합니다. 과거로 가는 것입니다. 하지만 과거로 돌아갈 때의 문제는 일정 시간이 지나면 또다시 그 어려움들을 마주하게 된다는 것입니다. 해결되지 않은 어려움들은 반복해서 만날 수밖에 없습니다.

우리는 아이의 성장에서 신체적, 지적 능력의 발달이 성장을 보장해준다고 믿는 경향이 있습니다. 성장의 기준을 신체적이고 지적인 능력의 발달에 두면 그 수준에서의 변화와 진전을 그 자체로 성장이라고 믿기 쉽죠. 하지만 아이와 어른의 차이를 단순히 몸의 크기와 지능, 지식의 양으로 가늠할 수는 없습니다. 그런 요소들의 성장과 더불어 반드시 동반되어야 하는 것이 있습니다. 바로 자신과 자신이 아닌 것들이 만나면서 생기는 의문, 갈등, 어려움, 실패 등을 겪어내야 한다는 것입니다. 그것들 앞에서 등을 돌려 과거로 가버리면 아이는 제자리에서 맴돌 수밖에 없습니다. 즉, 성장이 불가능한 것이죠. 성장의 열쇠는 결단코 미래에 있습니다. 지금의 나와 다른 나에 대한 여지가 생기지 않는다면 성장은 멈추고 현재의 순간에 눌어붙게 됩니다.

이때 엄마의 중요한 역할이 있습니다. 채워주고 감싸주는 엄마의 품은 지금을 살아가는 아이의 버팀목이 됩니다. 하지만 엄마의 품속에서 아이는 지금의 자신과 다른 나를 향해 나아가기 어렵습니다. 그렇다면 왜 엄마 품속에서는 아이의 미래가 열리지 않는 걸까요? 미래가 아이한테 있지 않고 엄마한테 있기 때문입니다. 아이의 전망을 아이 스스로가 아닌 엄마가 가지고 있는 것이죠. 엄마의 시간은 앞을 향하는데 아이는 늘 같은 자리, 엄마의 품속으로 되돌아오게 됩니다. 따라서 아이가 스스로의 전망을 가질 수 있도록, 아이의 시간이 앞을 향해 달릴 수 있도록 하기 위한 첫 작업은 아이가 엄마의 전망으로부터 벗어날 수 있게 하는 일입니다. 아이에게 품을 만들어주었던 엄마가 이제는 그 품을 열어주어야 하는 것이죠. 물론 그 작업은 엄마 혼자 할 수 없습니다. 엄마의 파트너, 바로 아이의 아빠와 함께 이루어야 합니다.

2부

아이는 아빠의 세계로
초대받고 싶어 한다

징표는 단지 목동이 자기네 양을 알아보기 위해 긋는 표식이 아니다.

·

자끄 라깡, 「세미나 5: 무의식의 형성물들」(1958)

부모의 욕망이
아이의 자리를 만든다

·

"아이는 어떻게 태어나요?"

아이들의 수많은 질문 중에서 대부분의 부모가 당황하는 질문입니다. 부모가 어렵사리 답을 해줘도 아이는 몇 번이고 다시 물어보곤 하죠. 아이가 질문을 하게 되는 경위와 부모가 질문에 당황하는 경위가 사뭇 다르기 때문입니다. 질문을 받은 부모는 보통 아이가 잉태되는 임신의 과정을 생각합니다. 성적인 호기심에서 비롯된 질문이라고 여기는 것이죠. 과연 그럴까요? 초등학교도 들어가지 않은 아이가 임신의 과정을 궁금해하고 그런 류의 답을 기대한다는 건 별로 일리 있는 생각 같지 않습니다. 임신 과정을 설명해줘도 아무것도 이해 못하고 또다시 질문을 하는 걸 봐도 그렇습니다.

아이가 묻는 "아이는 어떻게 태어나요?"는 사실 "나는 어떻게 태어났어요?" 혹은 "내 동생은 어떻게 태어났어요?"입니다. 아이들이 그 질문을 하는 때는 '나'라는 개념이 생기기 시작하거나, 동생이 태어나는 시기죠. 아이가 어떻게 태어나는지에 대한 객관적이고 과학적인 질문이 아니라, 내가 어떻게 태어났는지, 그리고 내가 있는데도 어떻게 동생이 또 태어난 건지에 대한 주관적이고 존재론적인 질문이라고 할 수 있습니다. 인간의 탄생 과정에 대한 질문이 아니라 내 생명의 탄생 원인에 대한 질문이죠.

죽음과 마찬가지로 탄생은 아이에게 이해할 수 없는 영역 중 하나입니다. 그래서 아이는 자신의 탄생에 대한 설명, 즉 이야기나 신화가 필요합니다. 내가 왜 태어나게 된 건지, 부모님은 나를 왜 낳았는지, 그리고 내가 필요해서 낳았다면 왜 또 동생을 낳은 건지…. 그리고 이는 성적인 호기심이 왕성한 사춘기 청소년도 가끔 하는 질문입니다. "그러면 나를 왜 낳았어요?" 반항기 어린 이 질문 역시 결국 내 생명의 의미를 묻는 존재론적인 질문인 것입니다.

"너를 낳고 싶었어"의 의미

—

아이가 태어나기 위한 첫 단계는 누군가가 아이를 낳고자 마음먹는 것입니다. '우리 아이가 있었으면 좋겠다'고 바라는 것이죠. 인간의 탄생이 동물과 다른 가장 큰 차이점은 바로 이것입니다. 인간이 태어나는 것은 단순히 생식 행위의 결과물이 아니라 그 생명을 낳기를 바란 누군가의 바람이 '먼저' 있었다는 것이죠. 아이를 낳기 어려운데 안간힘을 써서 낳으려는 사람도 있고, 낳을 수 있는데 낳지 않겠다고 결정하는 사람도 있는 것은 아이가 태어나려면 먼저 그것을 소망하는 사람이 있어야 한다는 사실을 보여줍니다.

요컨대 부모의 욕망, 부모가 바라는 것이 아이보다 먼저입니다. 그리고 그것을 둘러싸고 많은 이야기들이 만들어집니다. 아이가 태어나기 전, 아니 잉태되기 전부터 아이는 이미 엄마의 삶에, 부모와 가족의 삶에 들어와 있습니다. 아이를 상상하고, 아이에 대해 이야기하고, 아이에게 무언가를 바라고, 아이를 위해 물건을 사고 공간을 꾸밉니다. 부모가 바라는 바가 아직 태어나지 않은 아이를 대신해서 이루는 일들입니다.

아직 만나지 못한 아이는 '우리 아이'로서 이미 가족의 구성원이 되고, 가족들의 이야기 속 주인공이 되어 많은 감정과 의미들을 만들어냅니다. 아직 태어나지 않은 아이, 만나지 않은 아이 덕분에 기쁨과 설렘으로 마음이 부풀기도 하고, 걱정과 두려움으로 마음을 졸이기도 합니다. 그러면서 아이에게 필요한 것을 미리 준비해두고, 함께 맞게 될 미래의 시간들을 상상합니다. 아이는 그렇게 미리 이야기되고 계획되어 마련된 세상 속으로, 자신을 위해 만들어진 자리 속에서 태어납니다. 세팅된 무대 안으로 아이가 입장하는 것이죠.

사실 갓 태어난 아이를 처음 대면하는 순간, 우리는 일정 정도의 불안과 낯선 감정에 사로잡히게 됩니다. 엄마가 자신이 낳은 아이를 처음 보자마자 환희와 사랑으로 차오르게 된다는 식의 해석은 말 그대로 모성애의 환상일 뿐이죠. 현실은 오히려 그 반대인데 이는 그동안 '상상하고 기대하던 아이'와 현실에서 '정말로 만난 아이' 사이의 간극 때문입니다. 하지만 보통은 엄마가 금세 아이를 그동안 준비하고 계획한 세상 속에서 맞이하며 안정을 찾게 됩니다. 이제 가족의 구성원인 '나의 아이'로 받아들이는 것이죠.

그런데 만약 그렇게 아이를 위해 준비된 세상, 준비된 이야기가 없다면 어떻게 될까요? 애초에 아이를 원하지도 않았고, 아무것도 마련하지 못했다면요? 이는 엄마와 아이 양쪽 모두에게 파국적인 상황을 가져올 여지가 있습니다. 엄마는 아이를 마주하여 무엇을 어떻게 해야 할지, 이 아이가 내게 어떤 의미인지 전혀 알 수 없는 상태에 빠집니다. 그렇게 되면 아이는 선뜻 품을 수 없는 낯선 대상으로 남게 됩니다. 불행한 사고 등으로 원치 않은 아이를 낳았을 때 불안에 휩싸여 아이를 버리거나 외면하는 일들이 간혹 일어납니다. 이는 엄마의 매정한 인격이나 모성애의 부족이라기보다는 아이에 대한 바람과 그에 따른 후속 작업이 없었기 때문에 생긴 비극이라는 맥락 속에서 이해될 수 있습니다.

그런 극단적인 경우가 아니더라도 애초에 아이를 바라지 않았다면, 이후의 삶에서 부모나 아이 모두에게 그것이 일종의 장애물이 되는 경우를 볼 수 있습니다. 무엇보다 아이는 세상 어디에 자신의 자리를 잡아야 할지 알 수 없어 혼란스러워집니다. 자신의 삶에 어떤 의미를 부여해야 할지 모르는 것이죠. "너를 낳고 싶지 않았어"라는 말처럼 아이의 삶을 무의미하게 만드는 말은 없습니다. 아이가 자신이 태어난 이유를 찾을 수 있는 건, 자기를 낳은 부모가 그것을 바랐다는 사실에서이기 때문입니다. 부모가 원하지 않은 생명이었다면, 삶은 속절없이 무가치해지고 불안해집니다.

아이가 태어나는 과정에 대해 어떤 이야기를 들려주건 그 속에는 부모가 아이가 태어나기를 바랐다는 암시가 들어가야 합니다. 옛날부터 전해 내려오는 아이의 탄생에 대한 이야기 속에는 항상 그 요소가 들어 있죠. 서양에서는 황새가 아이를 물어다주고, 우리나라에서는 삼신할미가 점지해준다고 합니다. 아이를 원하는 부부에게죠. 핵심은 부모의 바람입니다.

"나는 어떻게 태어났어요?"

"응, 우리가 네가 태어나기를 바랐단다."

아이에게 아무것도 바라지 않을 때

제가 있었던 프랑스 메디컬 상담센터에는 매주 목요일 저녁마다 청소년들이 자유롭게 와서 상담을 할 수 있는 프로그램이 있었습니다. 장래 꿈이 기자라는 고등학교 1학년 여학생 플로랑스의 이야기는 그 프로그램에 참여했던 동료 심리사가 전해주었습니다. 플로랑스는 일탈적인 행동으로 학교에서 물의를 일으킨 아이였습니다. 센터에 온 적이 있는 친구의 권유로 상담을 시작했고, 그때까지 세 차례 상담을 이어오고 있었습니다. 플로랑스는 처음 온 날부터 매번 어릴 때부터 써온 일기를 가지고 와서 자신이 정한 부분을 읽어주었다고 합니다. 초등학교 때 두 번, 중학교 때 한 번 자살을 시도했던 일을 적은 부분이었습니다. 플로랑스는 자신의 자살 시도에 무언가 다른 이유가 있었던 것처럼 이야기했지만, 세 번째 상담 중에 도대체 자기처럼 가치 없는 사람을 왜 낳았는지 모르겠다면서 부모를 원망했습니다. 그리고 이렇게 덧붙였다고 합니다. "하긴, 엄마도 그렇게 생각했으니까 나를 낙태하려고 했겠죠." 엄마가 자신을 낙태하려고 했다는 사실을 이모를 통해 알게 된 플로랑스는 '엄마가 바라는 것이 무엇인가'라는 질문에 사로잡힌 것입니다. '왜 나를 낳고자 하고, 또 죽이고자 했는가?' 플로랑스의 자살 시도는 결국 엄마를 향한 "이것이 진정 엄마가 바라는 것인가요?"라는 처절한 외침과도 같습니다.

많은 사람들이 간과하지만, "네게 바라는 건 아무것도 없어" 역시 같은 맥락에 있습니다. 아이에 대해 바라는 것이 없다는 건, 부모의 삶이 아이와 큰 상관이 없다는 이야기가 되어버리기 때문입니다. 아이에게 바라는 것이 너무 많으면 문제가 되니 아이를 편하고 자유롭게 해줘야 한다는 생각에서 나온 말일 수 있지만, 어린아이에게 그 말은 "우리는 너를 바라지 않아"와 같은 효과를 줄 수도 있습니다. 물론 아이에게 너무 많이 바라는 건 문제가 될 수 있습니다. 하지만 아무것도 바라지 않는 것도 문제가 되기는 마찬가지입니다.

부모가 아이에게 무언가 바라는 것이 있어야 하는 이유는 여러 가지 면에서 분명합니다. 먼저 부모의 바람은 아이의 자리를 잡아줍니다. 아이는 세상에서 자신의 자리를 찾아야 합니다. 가족 안에서의 자리, 친구들 사이에서의 자리, 어린이집이나 학교에서의 자리. 부모는 아이가 각각의 자리에 잘 안착하도록 인도해주어야 하는데 이때 부모의 바람이 안내자가 됩니다. "넌 우리 가족이야", "친구잖아. 친구하고 놀아", "어린이집에 가서 재밌게 놀고 와", "학교에 가서 선생님하고 공부하고 와." 부모의 바람대로 아이들은 한 가족의 일원이 되고, 친구가 되고, 학생이 됩니다. 그렇게 아이는 조금씩 천천히, 부모가 바라는 바를 따라 자기 자리를 찾아갑니다. 그리고 그 자리를 시작으로 스스로 자신이 가고 싶은, 갈 수 있는 또 다른 자리를 만들어나가게 됩니다.

두 번째로, 부모가 원하는 것은 아이가 원하는 것을 만들어냅니다. 맨 처음 스스로 무엇을 바라야 할지 모르는 아이는 부모가 바라는 것을 같이 바라게 됩니다. 상담을 하다 보면 상담자의 입을 통해 부모의 생각, 부모의 바람, 부모의 말을 들을 수 있습니다. 어린아이, 청소년, 심지어 어른도 예외가 아닙니다. 자기 생각처럼 말하지만, 알고 보면 부모의 말인 경우가 흔합니다. "사람은 부지런해야 해요", "저는 깨끗한 게 좋습니다", "남자가 피아노 잘 치면 멋있잖아요."

사실, 아이가 부모가 원하는 것을 계속 원하게 된다는 보장은 없습니다. 부모의 말을 그대로 따른다고 하더라도 실제로 그것을 똑같이 실천한다는 보장도 없죠. 하지만 적어도 아이가 맨 처음 무언가를 원하려면, 부모가 아이에게 그것을 바라야 합니다. 아이에게 무언가를 원하도록 요구해야 한다는 것입니다.

시작은 부모의 바람

—

클로에의 사례[*]는 부모가 아이에게 무언가를 바라는 것이 아이 스스로 무언가를 원하기 시작하는 데 얼마나 중요한 역할을 하는지 잘 보여줍니다. 여섯 살 클로에는 선천성

● 그웬놀라 드뤼엘 편저, 『창조하는 자폐증자: 고유한 발명품들과 사회연대』 (Gwénola Druel et Collectif, *L'autiste créateur: Inventions singulières et lien social*, PUR Rennes, 2013, pp. 261-268.)

시각장애인이면서 자폐아입니다. 자폐증 그룹 치료에서 일주일에 세 번씩 치료를 받기 시작했을 때, 아이는 사방으로 뛰어다니면서 다른 아이들을 공격하고 바닥에 넘어지고 울기를 반복했다고 합니다. 그런 클로에가 변화를 맞이하기 시작한 건, 점자를 배워야 한다고 강한 의지를 표현한 아빠 덕분이었습니다. 점자를 배우라는 아빠의 요구는 클로에를 어린아이에서 '언어를 배우는 누나'의 자리로 이동하게 해줍니다. '언어를 배우는 누나'는 자신 있게 말합니다. 곧 태어날 남동생에게 자기가 포크와 나이프로 어떻게 밥을 먹는지 보여주겠다고요.

눈이 보이지 않는 데다 자폐까지 있는 아이에게 무언가를 바란다는 것이 가혹하게 느껴질 수도 있습니다. 하지만 아무도 그 아이에게 무언가를 바라지 않는다면, 아이는 세상과 무관해지고 아이 스스로도 아무것도 바랄 수 없습니다. "네가 아무것도 하지 않아도 우리는 괜찮아"라는 말은 이 세상이 딱히 자신의 역할을 필요로 하지 않는다는 의미로 전달될 수 있습니다. 아빠가 클로에에게 힘들더라도 점자를 배우라고 요구하면서 클로에는 스스로 변화할 수 있는 출발점에 서게 된 것입니다. '아빠는 내가 글자를 배우기를 원하는구나, 내가 배우는 게 아빠한테 필요한 일인가 보다.' 게다가 글자를 배우는 것은 이후에 배울 다른 많은 것들에 대한 예약이 되어줍니다.

'아무것도 필요 없으니 튼튼하게만 자라다오'라는 말은 아이를 후퇴시키거나 아이가 아무 변화도 시도하지 못하게 할 수 있습니다. 살면서 한 번도 특별히 무언가를 바란 적이 없었다는 상담자들에게 어렸을 때 부모님이 본인에게 무엇을 바라셨느냐고 물어보면, 대부분 같은 대답이 나옵니다. "우리 부모님은 자유로운 분들이어서 제게 특별히 뭘 바라지 않았어요." 이때 관건이 되는 것은 부모가 아이에게 '무엇'을 바라는가가 아닙니다. 방점은 '무엇'이 아니라 '바란다'에 찍힙니다.

부모는 아이에게 무언가를 '바라고 있다'는 사실을 알려야 합니다. 그것으로 아이는 자신의 존재가 부모에게 해줄 역할이 있다고 느끼고 스스로를 가치 있는 존재로 여기게 됩니다. 자신에게 무엇을 바라는 사람이 있다면, 자신이 그 사람에게 의미 있는 사람이라는 뜻이 됩니다. 회사에 들어갔는데 회사가 자신에게 별로 바라는 것이 없다면, 자신의 존재가 불필요한 것처럼 느껴지면서 회사에 몸담고 있기가 매우 불편해지는 것과 마찬가지입니다. 한 가지 더 주지해야 하는 것은 부모가 아이에게 무언가를 바란다면, 아이 스스로 바라는 것이 나타나도록, 그리고 그것이 사라지지 않도록 하기 위해서라는 것입니다.

부모는 아이를 낳기 전부터 아이와 관련하여 많은 것들을 바랍니다. 그리고 아이는 부모의 바람을 통해서 자기 삶에 의미를 부여하고, 스스로 원하는 것을 갖게 됩니다. 시작은 부모가 바라는 것을 따라서 바라는 것입니다. 하지만 아이가 자라면서 서서히 고유하게, 특별하게 스스로 바라는 것이 나타나게 됩니다. 부모의 바람은 아이가 스스로 자신의 바람을 갖게 하기 위한 준비이며 그것이 지속되게 하는 지지물인 것이죠. 그렇다면 부모의 바람은 어떻게 아이의 바람을 만들어나가게 될까요? 그 첫 순서는 바로 엄마의 바람입니다. 아이와 맨 처음 관계 맺는 사람인 엄마, 아이에게 오직 중요한 것이 있다면 그것은 엄마가 바라는 것입니다.

엄마가 원하는 것이
되고 싶다

•

제가 다녔던 프랑스 대학의 임상심리학과 대학원에는 나이가 지긋한 학생들이 많았습니다. 오랜 세월 종사했던 직업을 떠나 새로운 영역에서 제2의 인생을 펼치려는 사람들이었죠. 2학년이 되면서 친해진 클로디에 씨는 고등학교와 대학교에서 학생들에게 영문학을 가르치다가 온 50세의 중년 부인이었습니다. 이미 안정된 생활을 하고 있었지만 새로운 삶을 시작하려는 열망이 강했죠. 직업을 바꾸겠다는 결심이 서자마자 과감하게 하던 일을 그만두고 정신분석과 임상심리를 공부하기 시작했다고 했습니다. 그 이유를 물어보니 정신분석가였던 어머니가 원했던 것이 무엇이었는지 직접 알아보고 싶어서였답니다. 비슷한 경우로, 번듯한 직장에 다니던 친구 한 명이 뒤늦게 다시 교대에 들어가 임용고시를 본 후 선생님이 되었는데요, 이 친구의 이야기에도 엄마가 있었습니다. 임용고시를 보게 된 몇 가지 이유들 중 하나가 어려서부터 엄마가 선생님이 되기를 원했기 때문이라고 합니다.

엄마가 원하는 것이 왜 아직도 중요한 걸까요? 어렸던 나도, 어른이 된 나도 엄마의 마음을 살핍니다. 물론 어른이 되면 늘 엄마의 뜻대로 살지는 않죠. 하지만 여전히 엄마가 원하는 것은 마음을 움직입니다. 어떤 경우라도 결국은 마음이 쓰여 한 번 더 되새기게 되죠.

엄마가 원하는 것, 그것이 무엇이든 아이는 그것으로 인해 태어나고, 그것에 따라 이 세상에 자리를 잡습니다. 엄마가 원하는 것에 따라 마련된 시나리오와 무대가 없다면 아이는 그저 헐벗고 연약한 생명체일 뿐입니다. 아이는 엄마가 주는 음식, 엄마가 주는 옷, 엄마가 주는 이름을 받고, 엄마의 말을 듣고, 엄마의 몸짓을 봅니다. 그 모든 것이 아이를 이 세상에 태어나게 만든 엄마의 바람, 엄마의 욕망이 아이에게 그 흔적을 새기는 방식입니다. 모든 엄마가 모든 아이에게 동일한 것을 새기는 것이 아니라, 한 명의 엄마가 한 명의 아이에게 자신만의 것을 새깁니다.

아이가 세상으로 나가는 첫걸음은 엄마가 바라는 것에 대한 질문으로부터 시작됩니다. 어느 순간 아이에게 엄마는 더 이상 자기 앞에만 있는 그냥 엄마가 아니라, 자기가 태어나기 전부터 무언가를 바랐던 엄마가 됩니다. 자신의 이야기, 자신의 역사가 있는 엄마, 자신의 욕망이 있는 엄마죠. 엄마와 밀착된 아이는 알게 됩니다. 애초에 엄마에게는 바라는 어떤 것이 있었고, 자기가 엄마가 바라는 전부가 아닐 수도 있다는 사실을요. 그리고 질문하게 됩니다. '엄마가 바라는 것은 과연 무엇인가?'

'엄마가 바라는 것은 과연 무엇인가?'
—

그렇다면 아이는 어떤 계기로 이런 사실을 깨닫고 질문하게 되는 것일까요? 바로 엄마가 자리를 비우는 것을 통해서입니다. 엄마는 거의 언제나 아이 옆에 있지만 자리를 비우기도 합니다. 젖을 주기도 하고, 안 주기도 하죠. 울면 바로 오기도 하고, 한참 있다가 오기도 합니다. 아이가 이러한 차이를 인식하게 되는 것은 사실 아이와 엄마 양쪽 모두의 변화 때문입니다. 신생아 시절 엄마는 거의 초밀착되게 아이에게 붙어 있습니다. 자리를 비우는 일이 매우 뜸하죠. 한편 아이는 그 시기에 생리적인 기능이나 인지 능력이 매우 원초적인 상태입니다. 엄마가 옆에 있는지 자리를 비우는지, 무엇이 엄마이고 무엇이 자기인지 인식하지 못하는 상황입니다. 하지만 시간이 지나면서 아이는 점차 여러 능력을 갖추게 되고 엄마도 좀 더 오래 자리를 비우게 됩니다. 이러한 변화 속에서 아이는 엄마가 자기 옆에 있기도 하고, 다른 곳에 가기도 한다는 것을, 그리고 그것이 계속 반복된다는 것을 깨닫습니다.

엄마가 자리를 비우면 아이는 동요하고 좌절합니다. 하지만 떠났다가 돌아오는 엄마의 행동이 반복되고 빈자리가 다시 채워진다는 믿음이 생기면 곧 안정을 되찾게 되죠. 그러면서 아이는 궁금해하고 살피기 시작합니다. '엄마는 어디를 가는 거지?', '나 말고 중요한 게 더 있나?', '엄마가 원하는 것은 뭘까?' 하는 의문들이 생기는 것이죠. 엄마와의 관계, 엄마가 주는 만족에 종속되어 있는 아이의 세상에 엄마와 나 이외의 다른 요소들이 등장합니다. 엄마가 가는 '어딘가', 나 말고 중요한 '어떤 것'이 끼어드는 것입니다. 물론 모두 엄마와 관련된 것들이며, 엄마 마음 말고는 그것에 접근하거나 알 수 있는 다른 방법이 없습니다.

그렇게 아이는 엄마 마음에 관심을 기울이게 되고, 자기 말고 엄마가 원하는 것이 있다면 그것이 되고 싶다는 마음을 가지게 됩니다. '엄마가 원하는 것'의 자리가 자신만을 위해 존재하는 것이 아니라면, 엄마가 자기 말고 다른 것을 바라보기도 하고, 자기를 떠나 그쪽으로 가기도 한다면 아이에겐 다른 수가 없겠죠. 엄마가 바라보고 찾아가는 그것이 무엇인지 알아내고, 그것이 되고자 하는 것입니다.

아이는 엄마가 원하는 것이 되려고 합니다. 아이의 과업은 "나는 엄마가 원하는 것이다"에 이르는 것입니다. 엄마가 제시하는 것들과 자신을 일치시키는 일이죠. 따라서 아이는 엄마 말을 매우 잘 들을 수밖에 없게 됩니다. 사춘기의 청소년이 반항의 아이콘인 것은 아이가 어렸을 때 그만큼 엄마 말을 잘 들었기 때문이겠죠.

'나는 알 수 없다'

—

좀 더 커서도 여전히 아이에게 중요한 것은 그저 한 명의 엄마일 뿐인 내 엄마가 무엇을 원하는지입니다. 하지만 사실 아이는 엄마가 무엇을 원하는지 알 수 없습니다. 그것을 해석할 수 있는 참조점이 아직 없기 때문입니다. 그저 엄마가 원한다고 추정되는 것을 따르는 것이죠. 그래서 아이들은 예쁘거나, 키가 크거나, 똑똑하거나, 예술적이거나, 운동을 잘하거나, 부지런하거나, 말을 잘하거나, 밥을 잘 먹는 아이가 되려고 합니다. 엄마가 어떻게든 그것을 바란다는 뜻을 보였다고 생각해서입니다. 하지만 그렇게 되려고 노력하고 싶어도 어떻게 해야 똑똑해지고, 예술적이 되고, 운동을 잘하게 되는지는 명확하지 않습니다. 얼마만큼 똑똑해야 똑똑해지는 건지에 대한 기준도 없습니다. 그것은 '엄마가 원하는 것이 된다'는 목표가 지닌 모순과 한계입니다.

유독 엄마가 원하는 것만 그런 것은 아닙니다. 누군가가 원하는 것은 항상 추상적인 방식으로 제시됩니다. 예를 들어 내가 좋아하는 사람이 "나는 친절하고 지적인 사람이 좋다"고 말한다면, 나는 당장이라도 친절하고 지적인 사람이 되고 싶겠죠. 그러면 내가 친절하고 지적인 사람이 되기 위해서 무엇을 해야 할까요? 그리고 내가 얼마만큼 친절하고 지적이어야 그 사람이 만족할 수 있을까요? 답은 '나는 알 수 없다'입니다. 어려움에 처한 사람을 도와주는 것이 친절한 것이라고 여겨서 그런 일들을 찾아서 하고, 철학적인 지식이 많은 사람이 지적인 것이라고 여기고 철학 책을 많이 읽었는데, 그 사람이 누구에게나 상냥하게 인사하고 웃는 것이 친절한 것이고, 과학적인 지식이 많은 사람이 지적인 것이라고 말한다면 나는 "아, 그랬군요. 내가 잘못 생각했네요"라고밖에 말할 수 없을 겁니다. 누군가가 원하는 것이 되려는 소망이 이루어지는 기준은 그 누군가에게 있고, 그것을 판단할 수 있는 권한도 바로 그 누군가에게 있습니다.

그래서 엄마가 하는 "우리 똑똑한 지혜", "밥 잘 먹는 민호", "예쁜 민지"라는 말에 "난 똑똑해", "난 밥 잘 먹어", "난 예뻐"라는 정체성이 뚝딱 생겨날 수 있습니다. 판단의 기준이 엄마에게 있기 때문입니다. 반대로 "너는 예술적이지 않아", "너는 운동을 잘 못해"라고 말한다면, 나는 엄마가 원하는 자리에 갈 수 없게 되어 좌절하겠죠. 결국 엄마의 뜻에 따라 나의 정체성이 매번 변할 수 있다는 이야기입니다.

그런가 하면 엄마가 원하는 것의 자리는 다른 아이가 금방 차지할 수 있습니다. 형제자매, 엄마 친구 아들, 혹은 이웃집 딸 등이 엄마가 바라는 그것이 되는 것이죠. 엄마가 원하는 것이 이미 있고, 그 모델에 자신을 맞추어 넣는 것이기 때문에 만약 다른 아이가 그 모델에 맞는다면 자신은 그 자리에서 밀려나게 됩니다.

이런 상황은 엄마의 이상형을 마치 가운처럼 걸쳐 입는

것입니다. 다른 아이에게 가운을 뺏기면 아이는 자신의 자리에 갈 수 없습니다. 엄마가 원하는 것이 되고자 하는 길이 경쟁심과 시기심으로 물들 수밖에 없는 이유입니다. 우리가 너무나 잘 알고 있는 꼬맹이들의 난폭한 결투전이죠. 언제 밀릴지 몰라 계속 불안해집니다. 이는 특히 같은 엄마를 사이에 두고 있는 형제자매 간에 심화됩니다. 엄마가 원하는 것의 자리에 줄곧 다른 아이가 함께 있는 것이니까요.

엄마가 원하는 것이 되고자 하는 삶은 분명치 않은 엄마의 뜻을 계속 살펴야 하고, 그에 따라 자신의 자리와 존재의 의미가 결정되는 삶입니다. 자신의 삶이 아니라 엄마의 대상이 되는 삶을 사는 것이죠. 아이는 엄마의 인정에 환호하고, 엄마의 거절에 좌절합니다. 결국 아이의 삶을 단단하게 고정시켜줄 지표가 부재하는 상황인 것입니다.

되고자 하는 마음에서 갖고자 하는 마음으로

—

클레망은 프랑스 병원에서 상담했던 초등학교 6학년 남학생입니다. 평소엔 아무 문제도 없어 보이는데 한번 폭력적인 면이 나타나면 누가 말릴 틈도 없이 재빨리 다른 아이에게 심각한 상해를 입힙니다. 어떤 맥락도 없이 갑자기 나타나는 증상이라 문제가 꽤 심각했습니다. 아이의 그런 부정적인 면모를 가리기 위한 것인지 클레망의 부모님은 클레망에게 다른 아이들보다 뛰어난 아이라고 늘 이야기해준다고 했습니다. "넌 천재야." 클레망이 제게 첫 상담 때부터 공들여 설명하고 보여준 것은 자기가 얼마나 많은 것들을 할 줄 아는지, 얼마나 잘하는지였습니다. 마술, 기타 연주, 힙합, 팝핀댄스, 그림 그리기, 유도, 노래 부르기 등등. 아이는 자신이 천재라는 것을 증명할 수 있는 분야를 찾아다닌 걸까요? 하지만 할 줄 아는 것들을 쉬지 않고 나열하여 설명하면서 아이가 덧붙인 말은 자기가 그것을 잘하기는 하지만 1등은 아니라는, 최고는 아니라는 것이었습니다. 클레망의 결론은 "Je suis nul"이었죠. "나는 엉터리다", "아무것도 아니다", "꽝이다"라는 말입니다.

우리가 흔히 취미라고 말하는 미술, 음악, 춤, 운동 등을 배우면서 클레망은 즐거움을 느끼거나 어떤 성취를 이루는 것이 아니라 자신이 그것에 천재적이냐, 1등이냐는 것에 온 마음을 쏟습니다. 그리고 1등을 못하면 스스로가 아무것도 아닌 게 되었죠. 클레망의 관심은 온통 엄마가 원하는 것이 되고자 하는 것, 즉 천재이기 때문에 1등을 하는 것에 있습니다. 하지만 클레망은 천재가 아니었고, 그래서 1등을 못하는 '엉터리'가 되었습니다. 모가 아니니 도가 된 것이죠.

엄마가 원하는 것이 된다는 건 열쇠를 엄마가 쥐고 있다는 뜻입니다. 실제 자신의 모습이 어떠한지보다 엄마에게 어떻게 보이는지가 더 중요해집니다. 더불어 누군가에게 그 자리를 고스란히 내놓고 밀려날 수도 있는 상황을 염두에 두지 않을 수 없습니다. 깊은 좌절과 실망을 안겨다주는 상황에 처할 수 있는 것이죠. 모방, 경쟁, 시기, 질투… 이런 요소들이 뒤얽히는 삶이 되어버립니다.

아이에게 처음으로 생기는 무언가를 바라는 마음은 엄마가 바라는 그것이 '되고자' 하는 것이라고 했는데, 오직 이 맥락 속에서라면 아이에겐 자신의 자리를 확고히 할 수 있는 수단이 주어지지 않습니다. 그것은 자신이 아니라 엄마의 주관에 속하는 일이고, 아이의 존재는 엄마가 바라는 것이 되느냐 되지 못하느냐에 달려 있기 때문입니다. 엄마와 아이 사이의 관계가 반전되고 도약하는 것은 그런 상황에서 벗어나면서부터입니다. 바로 엄마가 바라는 것이 '되고자' 하는 마음에서 엄마가 바라는 것을 '갖고자' 하는 마음으로 바뀌는 것이죠. 단순한 차이 같아 보이지만, 존재의 축 자체가 바뀌는 결정적인 변화입니다. 그리고 그 시작은 다름 아닌 두 번째 어른, 아빠의 등장으로부터 이루어집니다.

아이는 아빠와
어떻게 만나는가

·

나의 이야기가 만들어지고, 나의 삶에 의미가 부여되면서 진짜 나의 삶이 시작되는 건 언제일까요? 바로 아빠가 등장하는 순간입니다. 이때 삶이 근본적으로 달라집니다. 그렇다면 아이는 아빠와 어떻게 '자신의 삶'을 시작하는 걸까요? 아빠가 등장한다고 했는데 그럼 이전에는 없었다는 뜻일까요?

우리는 흔히 부모에 대해 말합니다. 부모의 역할, 부모의 사랑, 부모의 교육 등. 이렇게 엄마 아빠를 묶어서 부모라고 부르는 것은 부모로서 공통된 역할이 있기 때문일 겁니다.

아이의 양육자로서 두 사람 중 누가 해도 되는 일 말입니다. 그러나 부모라는 이름 아래 엄마, 아빠 각자의 역할이 가려져서는 안 됩니다. 서로 대체할 수 없는 각자의 고유한 역할이 있기 때문입니다.

아빠는 엄마의 소개로 등장한다

엄마는 아이와 맨 처음 만나는 사람이라고 했습니다. 무엇보다 아이에게 첫 번째 거처를 마련해주는 사람이죠. 바로 엄마의 바람을 통해서입니다. 아이는 엄마가 바라는 것이 됨으로써 자신의 자리를 만들어냅니다. 하지만 그것은 이중적으로 불안한 자리입니다. 알 수 없는 엄마의 마음에 달려 있는 데다가, 언제라도 누구에게든 빼앗길 수 있기 때문입니다. 아빠는 바로 이 지점에서 등장합니다. 아이가 만나는 두 번째 사람이자, 엄마의 바람과 관련된 사람으로서입니다.

우선 아빠가 아이의 세상으로 들어오려면 반드시 필요한 게 있습니다. 엄마의 소개입니다. 엄마의 등장에는 필요 없던 과정이죠. 엄마는 아이와 가장 먼저 만납니다. 아무 소개도 없이 직접 만나는 유일하고 특별한 사람입니다. 하지만 아빠는 다릅니다. "네 아빠야", "아빠 좀 봐봐", "엄마 금방 올게, 아빠랑 놀고 있어." 아빠는 먼저 엄마의 말 속에서 등장합니다. 아빠는 엄마가 이야기하고, 바라보고, 옆에 머무는 사람입니다. 아이가 아빠를 바라보는 건 엄마가 바라보기 때문입니다. 아이가 아빠와 함께 있을 수 있는 건 엄마가 아빠와 함께 있기 때문입니다.

엄마와 관련된 사람은 일차적으로 아이의 경쟁자가 됩니다. 엄마가 바라는 자리를 차지할 수 있는 라이벌이죠. 아빠도 아이의 경쟁자일까요? 그럴 수도 있습니다. 하지만 바람직한 상황은 아닙니다. 아빠의 역할이 그것이 아니기 때문입니다. 아빠가 다른 경쟁자들과 다르게 나타날 수 있는 건 엄마의 소개 방식에 있습니다. 엄마, 아빠, 아이의 관계가 어떻게 정리될 수 있는지는 엄마가 아빠를 어떻게 생각하고, 어떻게 바라보는지, 그리고 그것이 아이에게 어떻게 보이고 전달되는지에 달려 있습니다.

당연하게도 엄마와 아빠의 관계는 특별합니다. 무엇보다 엄마와 아빠는 부부죠. 아빠는 엄마의 짝, 파트너입니다. 또한 아빠는 엄마와 함께 아이를 낳은 사람입니다. 엄마와 함께 아이에 대해 책임이 있다는 말입니다. 하지만 여기서 간과하지 말아야 할 것이 있습니다. 엄마와 아빠의 관계가 특별한 진짜 이유는 바로 이 두 가지가 공존하기 때문이라는 것입니다. 남녀, 부부로서의 관계와 아이에 대한 부모로서의 관계. 두 가지일 뿐이지만 서로 복잡하게 얽힐 수 있습니다. 그리고 이 두 개의 관계가 혼동되기 시작하면 많은 문제들이 발생할 가능성이 높아집니다.

아이가 엄마와의 세상으로부터 나와 스스로의 삶으로 들어가기 위해서는 엄마 옆에 자기 말고 다른 사람이 있다는 것을 알아야 합니다. 엄마에게 자기가 전부가 아니라는 것을 알아야 한다는 것이죠. 그것은 자신과 경쟁관계에 있는 형제자매가 해줄 수 있는 일이 아닙니다. 언제든지 그 자리를 다시 찾을 수 있다는 희망 자체가 사라져야 합니다. 그러기 위해서 엄마의 진짜 파트너가 있어야 합니다. 자신 말고 엄마의 관심과 열정이 향하는 사람, 그리고 아이가 보기에 자신의 경쟁 상대가 아닌 사람. 바로 아빠입니다. 이때 엄마는 아이에게 아빠를 자신의 '배우자'로 소개해야 합니다. 그속에는 중요한 메시지가 있습니다. 엄마 옆자리는 아빠의 것이라는 메시지입니다. 엄마의 옆자리가 아빠의 자리라는 것을 알고서야 아이는 비로소 바깥세상으로 자신의 자리를 찾아 나섭니다.

또한 엄마는 아빠를 다른 한 명의 '부모'로서 소개해야 합니다. 이를 통해 아이의 성장을 지지해줄 또 한 명의 어른이 등장하는 것이죠. 이후 아이는 엄마의 말 속에 나타나는 아빠, 자신을 보살펴주는 아빠, 자신과 놀아주는 아빠를 경험하면서 엄마와는 다른 아빠와의 관계를 만들어나가게 됩니다.

우리가 가끔 혼동하는 중요한 것이 있습니다. 부모가 되면 아이를 잘 키우기 위해 잠시 다른 역할들을 내려놔도 된다, 혹은 내려놔야 한다는 생각이죠. 하지만 절대 그렇지 않습니다. 오히려 부모로서 아이를 잘 키우려면 다른 역할들을 내려놓으면 안 됩니다. '내려놓지 않아도 된다'가 아니라 '내려놓지 말아야 한다'입니다. 특히 부모의 역할을 하면서 부부의 역할을 버리면 안 됩니다. 자신들을 위해서도 당연히 그래야 하겠지만 아이를 위해서는 더욱 그렇습니다.

부부가 함께 아이를 키우는 경우, 부부 관계는 아이에게 어떤 식으로든 영향을 미치게 됩니다. 사실 그 결과가 어떨지는 알 수 없습니다. "어떤 부부 관계가 어떤 아이들을 만들어내게 되나요?"라는 식의 질문에 대한 답은 존재하지 않습니다. 이러저러한 환경 속에서 이러저러한 아이가 된다고 예상할 수 없죠. 모든 아이들은 자신만의 방식으로 상황과 관계에 대한 결과를 만들어내기 때문입니다. 비슷해 보여도 다 다릅니다. 다만 확실한 것은 엄마가 자신의 옆자리에 아빠가 아닌 아이를 놓게 되면, 그 아이에게 생길 수 있는 많은 가능한 일들 중에 가장 안 좋은 일이 일어난다는 것입니다. 엄마 옆에 아빠가 있다면 아이는 엄마와 아빠의 관계를 관찰하게 되겠죠. 따라서 실제의 엄마, 아빠의 관계가 아이에게는 중요하게 작용합니다. 하지만 아이가 그것에 관심을 가지려면 우선적으로 엄마의 '말'이 역할을 해야 합니다.

아빠의 위치와 가치는 엄마의 말에 의해 정해진다
—

아이가 어릴 때는 '들어도 잘 모르니까', 아이가 좀 크고 나면 '같은 가족이니까'라는 생각으로 가끔 엄마들이 아이를 앞에 놓고, 아빠에 대한 불만이나 아빠와의 문제를 이야기하는 경우가 있습니다. 엄마가 하는 이야기의 내용만 놓고 본다면 아이 앞에서 해도 별 무리가 없는 이야기들일 수 있습니다. 정도를 넘는 경우가 있을 수도 있겠지만 흔한 일은 아닐 거라 믿고 싶습니다.

"네 아빠는 왜 자꾸 약속을 안 지키는지 모르겠다. 나랑 한 약속은 의미가 없다는 건가."

"주말엔 하루 종일 누워서 TV만 보고 있으니 정말 밉다."

"회사에서 일 잘하면 뭐해. 집에서는 하는 일이 없는데. 집에서는 필요 없는 사람이야."

이런 식의 말들에서 문제가 되는 것은 아빠가 무엇을 잘못했다는 내용이 아닙니다. 사람은 누구나 완벽할 수 없고, 단점이 있기 마련이죠. 하지만 지금 예로 제시된 문장들에서는 아빠의 잘못과 관련해서 아빠에 대한 엄마의 부정적인 판단이 명시적으로 나타납니다. 그렇게 되면 아빠에게는 두 가지 수준에서 어려움이 생깁니다. 엄마의 옆자리에 오기 힘들어지고, 아이의 안내자가 되기 힘들어집니다. 특히 마지막 구절은 언뜻 들어도 아이에게 좋지 않은 효과를 낼 수 있다고 여겨집니다. 하지만 부정적 판단이 빠진다고 해도 결과는 비슷할 수 있습니다. 말이라는 것은 우리의 의도를 벗어나기도 하고 내용과 상관없는 효과를 내기 쉽습니다. 그것이 말의 본질이기도 합니다.

"네 아빠가 약속을 안 지켰어."

"주말인데 하루 종일 TV만 보고 있네."

"아빠는 회사에서만 일을 잘하는구나."

앞의 말들에서 부정적 감정이 빠졌습니다. 그러나 이 말들 역시 문제가 될 수 있습니다. 어떤 내용이든 엄마가 아빠에 대한 불만을 아이 앞에서 이야기할 때 문제가 생기는 이유는, 그 불만이 단순히 아빠에 대한 것으로 끝나는 것이 아니라 아이를 향한 메시지가 함께 담기기 때문입니다. 말에는 두 가지 층위가 있습니다. 한편에는 완성된 문장이 만들어내는 의미가 있지만, 다른 한편에는 그 말을 하는 행위가 있죠. 이 문장들의 의미는 엄마가 아빠에 대해 이야기하는 것이지만, 다른 한편으로 엄마는 이 말들을 아이에게 하고 있습니다. 엄마의 말을 듣는 사람이 아이라는 이야기죠. 말은 혼잣말이 아닌 이상 항상 누군가에게 하게 되어 있습니다. 그러면 말을 듣는 사람에게도 그 말의 효과가 생깁니다. 그래서 우리는 아무에게나 아무 말이나 하지 않습니다. 말의 내용에 따라 그 말을 할 수 있는 사람, 하고 싶은 사람이 정해지죠. 엄마가 아이에게 아빠에 대한 불만을 말한다는 것도 자세히 들여다보면 아무 이유가 없는 것이 아닐 겁니다. 그렇다면 엄마의 말을 듣는 상대로서 아이는 그 말을 듣고 어떤 생각을 하게 될까요? 물론 아이마다 다른 생각과 반응을 할 것입니다. 하지만 그 말을 통해 미묘하게 발휘되는 효과 하나는, 아빠가 그러하다면 '나는 어떻게 해야 하는가'라는 생각을 불러일으킨다는 것입니다. 문장의 내용은 아빠가 한 잘못인데, 아이는 자신에 대해 생각하게 되는 것입니다.

아빠에 대한 이야기를 들은 아이는 먼저, 아빠는 엄마를 만족시키지 못하는 사람이라는 생각이 들겠죠. 그리고 이어서 자신을 끌어들입니다. 아빠가 하지 못한 일을 대신 해주어야 한다는 생각이 들 수도 있고, 그렇게 하지 못해서 미안한 마음이 들 수도 있고, 엄마가 왜 나한테 이런 이야기를 할까 의문이 들 수도 있습니다.

엄마가 아이에게 하는 아빠에 대한 이야기는 모든 면에서 아빠의 위치와 가치를 정해줍니다. 아빠는 어떤 사람인가? 아빠는 엄마가 좋아할 만한 사람인가? 아빠는 엄마 옆에 있는 것인가? 그리고 그에 따라 아이의 위치도 정해지게 됩니다.

그렇다면 아이 앞에서는 아빠에 대해 안 좋은 이야기를 하면 안 되는 것일까요? 사실, 되도록이면 그러지 않는 것이 좋습니다. 엄마는 아빠에게 불만이 생길 수 있지만, 가능하면 아빠에게 직접 이야기하는 것이 좋습니다. 물론 반대의 경우도 마찬가지입니다. 아빠가 엄마에 대해 생긴 불만은 직접 엄마에게 이야기하는 것이 좋죠. 말을 듣는 사람의 입장이라는 것이 있기 때문입니다. 특히 엄마와 아빠 두 사람만 관련된 상황의 일은 아이에게 이야기하는 것이 좋지 않은 경우가 대부분입니다. 좋은 이야기건, 좋지 않은 이야기건 동일합니다. 엄마와 아빠 사이의 사생활에 해당하는 것, 두 사람만의 시간, 두 사람만의 감정은 두 사람 사이에서 나눠야 합니다. 이는 앞서 이야기한 것처럼 부모의 역할로 인해 부부간의 관계가 침해되어서는 안 된다는 것과 동일한 맥락에 있습니다. 그렇지 않으면 아이는 여전히 엄마 옆의 자리에서 맴돌 수 있습니다.

하지만 가족 전체의 일과 관련된 사안, 혹은 다른 사람과의 대화를 아이가 듣게 되는 경우와 같이 부득이하게 엄마의 말 속에서 아빠의 좋지 않은 점이 등장하거나, 엄마와 아빠 사이의 일이 등장할 때가 있습니다. 이때 중요한 것은 그럼에도 불구하고 엄마에게 아빠의 자리가 특별하다는 것을 분명히 하는 일입니다. 메시지의 의미를 모호하게 남기지 말고 명확하게 해주어야 하는 것이죠. '아빠가 약속을 지키지 않고, 주말인데 TV만 보고, 집안일에 신경을 쓰지 않아서 엄마는 무엇이 불만이라는 걸까? 그래서 엄마가 원하는 게 뭘까?'라면서 답을 찾는 일을 그 말의 수신자인 아이가 하는 게 아니라 엄마가 해주어야 합니다.

> "네 아빠가 약속을 어겼는데 다음에는 지켰으면 좋겠다."
> "아빠가 주말에 TV만 보는 게 아니라 우리랑 같이 놀아줬으면 좋겠는데."
> "회사 일처럼 가족이랑 집에도 관심을 보여주면 좋을 텐데."

엄마가 아빠에게 불만이 생긴 이유가 아빠 때문이고, 그것을 해결해줄 사람도 아빠이길 바란다는 것을 확실히 밝혀주어야 합니다. 우리가 어떤 소망이나 불만을 이야기할 때, 그것과 관련된 사람이 누구이고, 누가 그것을 해결해주어야 하는지를 밝혀주지 않으면 그 메시지는 자연스럽게 수신자를 향하게 되어 있기 때문입니다.

아빠의 역할
—

아빠는 엄마의 말을 통해 소개되고, 엄마와의 관계 속에서만 의미가 있다는 건, 아빠가 꼭 옆에 없어도 된다는 의미이기도 합니다. 아빠의 등장이라고 했을 때의 아빠는 실제 아빠라기보다는 엄마 말 속의 아빠, 엄마 눈 속의 아빠이기 때문입니다. 이런저런 이유로 함께 살지 않는 아빠, 멀리 있는 아빠, 그리고 이미 돌아가신 아빠까지도 엄마의 말을 통해 아이에게 소개될 수 있습니다. 곁에 없는 아빠, 살아 있지 않은 아빠가 어떻게 아빠의 역할을 해낼 수 있을까요? 답은 엄마에게 있습니다. 최초에 아이가 관계하고 있는 사람은 엄마이고, 중요한 건 엄마의 바람입니다. 그리하여 아빠는 엄마와의 관계 속에서 아이에게 등장합니다. 심지어 엄마의 소개만으로도 충분하죠. 아빠의 역할은 아이와 직접 접촉하면서 이루어지는 엄마의 역할과 다른 수준에 있기 때문입니다. 아빠의 역할은 엄마의 옆자리가 아빠의 것임을 보여주는 것이고, 그 이유는 아이가 그 자리를 떠나 바깥세상에서 자신의 자리를 마련하게 하기 위해서입니다.

남편을 여의고, 혹은 남편과 헤어지고 아이를 혼자 키우는 엄마가 있습니다. 새로운 파트너가 생길 수도 있지만, 그렇지 않을 수도 있습니다. 사정상 아빠가 멀리 떠나 있는 경우도 있습니다. 어떠한 이유로든 엄마가 파트너 없이 혼자 아이를 키울 때 가장 주의해야 하는 것은, 엄마의 옆 빈자리를 아이로 채우려 하지 말아야 한다는 것입니다. 물론, 아빠가 실제로 옆에 있는 경우에도 이런 일이 일어나지 않는다는 보장은 없습니다. 중요한 것은 엄마의 입장과 태도이기 때문입니다. 아이에게 엄마밖에 없는 시기에 아이의 눈에는 당연히 엄마에게도 자신밖에 없는 것으로 보입니다. 다른 것들에 관심을 갖는 엄마이지만, 그러한 관심을 언제든지 자신에게로 되돌릴 수 있다고 생각하는 것이죠.

결국 아빠의 역할은 아이를 엄마로부터 분리시키는 동시에 엄마를 아이로부터 분리시켜 원래의 자리로 돌려놓는 것입니다. 원래의 자리란 아빠의 파트너, 한 사람의 여자, 한 사회의 구성원으로서의 자리죠. 엄마와 아이 사이의 애착관계를 양쪽에서 동시에 끊어야 합니다. 그래야 엄마와 아이 사이의 관계가 근본적으로 달라질 수 있습니다.

우리가 앞서 보았던 셀렌의 엄마는 이혼 후 남편의 빈자리를 셀렌에 대한 관심으로 채웠습니다. 셀렌은 엄마의 옆자리에서 벗어나지 못하는 데서 오는 불안을 겪지만, 오히려 밖으로 나가지 못하고 하루 종일 울거나 잠을 자면서 집 안에 머뭅니다. 엄마의 옆자리를 맡아주고, 자신을 다른 자리로 이동시켜줄 역할을 아무도 해주지 않기 때문입니다. 셀렌은 어쩔 수 없이 엄마의 옆자리를 비워두지 못하고, 그 자리에 그대로 있는 것이죠. 다행히도 코스프레라는 보조물을 발견하면서 엄마의 옆자리를 벗어날 수 있었습니다.

배우자와 사별했지만 그를 잊지 못하고 마음에 품은 채 혼자 사는 엄마가 있습니다. 엄마는 아이와 함께 아빠를 추억합니다. "네 아빠는 말이야…", "네 아빠라면 이렇게 생각했겠지…", "예전에 아빠가 했던 말인데…" 이때 엄마의 옆자리는 여전히 아빠의 것입니다.

이혼을 했지만 마음에 드는 다른 파트너를 찾지 못해서 혼자 사는 엄마가 있습니다. "엄마 맘에 드는 사람은…", "이런 사람이라면…", "혹시 엄마가 나중에 누군가를 만나면…" 엄마는 아이와 함께 미래의 아빠를 상상합니다. 엄마의 옆자리가 지금은 비어 있지만, 그것을 채울 사람은 누군가 다른 사람이라고 합니다.

남편이 없지만 아이 때문에 살아서는 안 됩니다. 아이가 있으니 남편은 없어도 되면 안 됩니다. 아이는 남편 대신이 아니며, 엄마가 아이에게 해주는 역할은 결국은 엄마의 옆자리에서 떠나보내는 것이기 때문입니다.

아빠에 관한
신화

·

아이는 엄마로부터 아빠를 소개받습니다. 아빠는 엄마 옆에 있어야 할 사람이라고 하는군요. 아이가 아무런 어려움 없이 그런 아빠를 환영하기는 어려워 보입니다. 아이들이 자라면서 엄마 옆을 떨어지지 못하는 시기가 꽤 여러 번 반복되는 이유이기도 합니다. 하지만 아이는 점점 어려움을 이겨내고 변화의 상황을 받아들이게 됩니다.

엘자와 레오는 초등학교 3학년 동갑내기입니다. 겨울방학이 끝나고 메디컬 상담센터에서 다시 만나자 엘자는 아빠가 스키를 가르쳐주었다면서 자랑을 했습니다. 그러자 레오는 자기 아빠가 스키 국가 기록을 가지고 있다고 허풍을 떨기 시작했죠. 이에 엘자가 자기 아빠는 축구를 진짜 잘한다고, 원래는 선수를 하려고 했다고 맞섰고, 레오는 한술더 떠 자기 아빠는 월드컵 대회에도 나갔다고 말했습니다. 이렇게 불붙은 아빠 자랑은 사실과는 무관하게 레오와 엘자의 상상 속에서 점점 더 부풀려졌고, 결국은 서로 거짓말하지 말라고 고함을 치면서 싸움으로 번져버렸습니다.

주변에서 흔히 볼 수 있는 광경입니다. 아이들이 아빠를 소개하는 일반적인 방식이기도 하고요. 어린아이에게 아빠는 초능력자 내지는 영웅, 아니면 최소한 희한하거나 이상한 사람입니다. 평범하지 않다는 것이죠. 아이는 그것을 혼자 비밀처럼 간직하기도 하고, 자랑하고 다니기도 합니다. 적어도 사춘기 이전까지는 그렇습니다. 사실 아빠에게 진짜 그런 능력이 있느냐는 중요한 문제가 아닙니다. 사실이건 아니건 아이는 그렇게 믿고 있으니까요.

아빠가 최고라는 신화

—

"우리 아빠는 힘이 진짜 세요. 이런 것쯤은 한 손으로 번쩍번쩍 들어요."

상담실의 대형 화분을 옮기느라 힘들어하는 저를 보고 초등학교 2학년 영훈이가 한 말입니다.

"그래, 아빠가 그렇게 힘이 세시구나."

"당연하죠!"

아무리 힘센 성인 남자라고 해도 대형 화분을 한 손으로 번쩍번쩍 들 수는 없죠. 그런 뻔한 허풍이 아이에게는 왜 그렇게 당연할까요? 아빠를 과장되게 포장해 자랑하면서 어떻게 그리도 당당하고 확신에 차 있을까요?

영훈이에게 아빠가 힘이 센 건 당연합니다. 왜냐하면 영훈이 아빠니까요. 별 얘기 아닌 것 같지만 우리는 여기서 아빠의 역할을 유추해볼 수 있습니다. 아이의 "당연하죠" 앞에는 사실 숨어 있는 말이 있습니다. '우리 아빠인데 당연하죠'입니다. 만약 다른 아이가 자기 아빠가 한 손으로 화분을 들 수 있다고 말한다면, 영훈이도 레오나 엘자처럼 거짓말하지 말라고 소리쳤을 수도 있습니다.

앞서 아빠는 엄마와 관련된 사람이라고 했습니다. 그러니까 영훈이 아빠는 영훈이 엄마와 관련된 사람입니다. 아이는 엄마가 바라는 것이 되고 싶은 소망을 품고 있지만, 엄마는 딴청을 합니다. 자리를 비우기도 하고 다른 것에 관심을 쏟기도 하죠. 그런데 엄마가 바라보는 좀 색다른 존재가 있습니다. 바로 엄마 옆에 나란히 있는 아빠입니다. 엄마는 아빠를 바라보고, 함께 이야기를 나누고, 아빠의 말을 전해 줍니다. 그리고 무엇보다 엄마가 바라는 것 속에 아빠가 바라는 것이 함께 녹아 있다는 것을 아이는 알게 됩니다. "아빠가 그렇게 하라고 하네", "아빠 말 들어", "아빠한테 물어볼까?" 여기서 아이의 삶에 전환이 일어납니다. 아이는 엄마가 바라는 것이라 여겨지는 이상적인 모델들에 자신을 맞추려고 노력해왔습니다. 그런데 그 자리는 따로 임자가 있는 것 같습니다. 엄마의 말, 태도, 행동 등 모든 것이 거기엔 아빠가 있다고 가리킵니다. 엄마가 아이에게 아빠를 소개하면서 아이는 엄마의 옆자리를 포기할 수밖에 없게 됩니다. 이제부터 아이는 '스스로의 삶'으로 들어갈 수 있습니다. 더 이상 '엄마가 바라는 것'이 되지 않아도 되기 때문입니다.

그런데 이렇게 엄마의 옆자리를 떠날 때 필요한 조건이 두 가지 있습니다. 아이가 아빠의 능력을 부풀리는 과장은 그 두 가지 조건에 상응합니다. 첫째는 아이가 떠나는 명분이 되어주는 것이고, 둘째는 아이에게 그 자리 말고 다른 자리를 마련해주는 것입니다.

아이가 엄마 곁을 떠날 명분

—

아이가 엄마의 옆자리를 떠나려면 확실한 명분이 있어야 합니다. 아빠에 대한 아이의 엉뚱하면서도 허풍스러운 찬미는 사실 자신의 처지를 극복하기 위한 일종의 전략입니다. 경탄할 만한 능력을 가진 아빠의 이야기는 엄마를 더 이상 독점하지 못하는 상황에서 엄마 옆자리를 내놓는 아이가 슬픔을 이겨내고 자존감을 보존할 수 있게 해줍니다. '아빠의 초능력'은 엄마가 아빠를 선택했다면, 아빠가 엄마 뜻에 매달려 엄마가 제시하는 이상형에 도달했기 때문이 아니라 그 자체로 빛나는 무언가를 가지고 있기 때문이라는 맥락을 만들어줍니다. 아빠의 위대함이 엄마의 선택을 정당화시켜주는 것이죠. 엄마의 선택은 자신의 열등함 때문이 아니라 아빠의 자격으로부터 나온 결과가 되는 것입니다. '엄마가 원한다니 얼마나 대단한가!'

아이들은 당당하고 자신감이 넘치다 못해 때로는 과대망상에 빠진 듯 보이기도 하지만, 아주 사소한 계기로도 좌절하고 무너질 수 있습니다. 아이의 현실은 보잘것없고, 힘없고, 무능하기 때문입니다. 조금씩 독립적인 성향이 나타나는 유아기 초기에 아이가 자신의 작은 실수에도 화를 내고 짜증을 내는 일이 있습니다. 발음이나 뜻이 틀린 말을 했을 때, 걷거나 뛰다가 넘어졌을 때, 무언가 민망한 상황이 되었을 때, 누군가 그것을 알아차리는 순간 아이가 화를 내면서 주먹이며 발을 휘두르기도 합니다. 아이의 성격이나 정서에 문제가 있어서가 아니라 작은 상처에도 깨져버릴 수 있는 자신의 모습에 겁이 나기 때문입니다.

아이가 스스로에 대해 갖는 생각은 현실에 바탕을 뒀다기보다 주변에서 들려오는 말, 다른 사람들의 모습 등을 보고 만들어진 상상적인 것입니다. 진짜가 아닌 '허울'이라고 할 수 있죠. 하지만 아이에게 허울은 매우 중요합니다. 그런 허울들을 실마리 삼아 '진짜 나'를 향해 나아가게 되니까요. '진짜 나'가 현실 속에 단단히 발 딛고 서기 전에 실마리 삼을 수 있는 허울들이 깨져버린다면 그 길은 험난해질 수밖에 없습니다.

아빠로 인해 아이가 가지고 있던 허울들이 갑자기 깨져서는 안 됩니다. '초능력자 아빠'는 경쟁 상대에게 패배하여 자리를 뺏기는 것이 아니라, 비교 불가한 '위대한' 존재의 자격을 인정하고 스스로 물러난다는 의미에서 아이에게 확실한 명분이 되고, 아직은 버릴 준비가 되지 않은 허울들을 조금 더 간직할 수 있게 해줍니다. 엄마에게 외면당했다거나, 자신은 가치 없는 존재라는 비관에 빠지지 않고 엄마와의 종속관계에서 벗어날 수 있는 첫 번째 조건은 이렇게 '내 아빠는 최고'라는 신화를 통해 만들어집니다. 이제부터 아이가 살피는 것은 엄마가 원하는 것이 아니라, 아빠가 어떠한가입니다. 그런 아이의 눈은 과장되어 있고 비약을 만들어냅니다. 아빠는 엄마가 원하는 사람이기 때문에 최고가 되어야 합니다. 아빠가 세상의 모든 능력을 다 가지지 못할 이유가 없는 것이죠.

다른 자리를 얻게 될 가능성

힘센 아빠를 둔 영훈이는 한 번 더 아빠를 자랑합니다. 이번에는 할아버지도 등장합니다. 아빠가 힘이 센 건 할아버지가 힘이 세기 때문이라는군요. 그리고 힘센 아빠가 잘하는 것이 하나 더 있는데 바로 물건을 고치는 일입니다. 상담 센터에 청소기가 고장 났다고 하니까 자기가 고칠 수 있다면서 나온 말입니다. 물론 영훈이는 고치지 못했고, 그러자 이렇게 덧붙였습니다.

"전에 집에서는 고쳤어요."

"아 그랬구나. 그런 걸 어디서 배웠어?"

"당연히 아빠한테 배웠죠. 아빠는 뭐든지 잘 고쳐요."

"그래? 아빠는 그걸 또 어디서 배우셨을까?"

영훈이가 한심하다는 듯이 대답했습니다.

"할아버지가 고치는 걸 보고 배웠죠!"

이렇게 영훈이의 족보가 만들어지기 시작했습니다. 할아버지가 힘이 세니, 아빠도 힘이 셉니다. 할아버지가 물건을 잘 고치니 아빠도 물건을 잘 고치고요. 그럼 '당연히' 영훈이도 힘이 세고, 물건을 잘 고치게 되겠네요. 아이는 아빠를 살피고, 아빠의 능력을 최대치로 끌어올려 포장합니다. 그리고 그 최대치가 된 능력을 자신 또한 갖고자 합니다.

이것이 아빠가 최고이기 때문에 나타나는 또 하나의 결과이며, 그로써 아이가 엄마 곁을 떠날 수 있는 두 번째 조건이 완성됩니다. 이제 아이의 자리는 다른 곳에 정해집니다. 엄마가 바라는 것이 되는 자리가 아니라 아빠가 가지고 있는 것을 물려받는 자리입니다. 아이를 위한 다른 자리가 마련되는 것입니다. 요컨대 자리 이동의 보장이죠.

우리는 어떤 자리를 떠나면 반드시 다른 자리로 가야 합니다. 맡은 자리에 따라 살아가는 방향과 방법이 정해집니다. 내 자리가 있으면 머물 수 있지만 그렇지 않으면 떠나야 합니다. 그리고 내 자리가 있어야만 불안해하지 않고 당당하게 모든 경험에 참여할 수 있습니다. 마음의 안정은 자리에서 나옵니다. 내 자리가 없는 곳에서 시간을 보내야 하는 것처럼 견디기 어려운 일은 없을 겁니다.

아이가 처음 맡게 되는 자리는 엄마의 자식이라는 자리입니다. 가족에 속하기는 하지만 가족 구성원의 자리를 차지하지는 못한 상태입니다. 가족이란 단순한 혈연관계가 아닙니다. 가족은 하나의 사회집단으로, 그 속에서 먹고 자고 살아가면서 친밀한 감정을 주고받는 것 말고도 가족 안의 규율과 책임을 내 것으로 삼는 것을 함축합니다. 엄마와의 애착관계가 전부인 아이는 그저 엄마의 자식으로서 엄마의 뜻을 살피고 따를 뿐입니다. 엄마라는 한 개인과의 관계만이 있는 거죠. 반면 가족 구성원이 된다는 것은 엄마의 자식으로서만이 아니라, 가족 내에 자신의 자리를 마련하는 일입니다.

엄마 품에서 벗어나는 아이에게 새롭게 주어져야 할 자리가 바로 이 자리, 가족 구성원의 자리입니다. 이 자리를 맡는다는 건 가족의 전통, 규율, 서로 간의 관계에 따르는 모든 역할과 책임을 받아들이는 것을 의미합니다. 아이의 삶에 사회의 무게가 더해지는 것이죠. 엄마가 선택한 근사한 아빠, 그 아빠가 가진 가치 있는 것을 물려받기 위해서라면 아이는 자신의 어깨에 삶을 짊어지고 한 가족의 일원으로 들어갈 수 있습니다. 아빠가 최고라는 신화는 아이의 상상일 뿐이지만 아이를 새로운 자리로 끌어당겨주는 힘을 발휘할 수 있습니다.

아빠는 왜
아이의 친구가 될 수 없는가

·

일곱 살 남자아이 가에탕은 한 달 넘게 반복되는 악몽 때문에 잠을 제대로 못 자고 있었습니다. 꿈에서 어떤 괴물이 나타나 자기를 데려가려 한다는데, 말하자면 가에탕을 집 밖으로 끌어내려고 무언가가 나타나는 꿈입니다.

가에탕에겐 두 살 어린 동생이 있습니다. 태어나면서부터 몸이 약했다고 합니다. 최근에는 동생의 건강이 더 안 좋아지는 바람에 부모님은 아이들을 각각 한 명씩 맡기로 결정하고, 동생을 엄마가, 가에탕을 아빠가 보살피기로 했습니다. 완전히 분리해서 키우는 것은 아니지만, 주로 그렇게 짝을 지어서 생활하는 것이죠. 잠을 잘 때도 아빠는 가에탕과 엄마는 동생과 같이 잔다고 했습니다. 가에탕이 악몽을 꾸기 시작한 시점이 바로 그때부터였습니다.

가에탕은 동생에게 굉장히 적대적이었고, 악몽을 꾸기 시작하면서는 말도 잘 안 듣고 고집을 부리는 일이 점점 많아졌다고 합니다. 아빠는 아직 어린 가에탕이 엄마랑 보내는 시간이 많지 않은 것이 미안해서 최대한 친구처럼 친절하고 부드럽게 대해주고, 가능하면 같이 많이 놀아준다고 했습니다.

아빠의 역할은 엄마의 말만으로도 이루어질 수 있다고 했습니다. 멀리 사는 아빠, 헤어진 아빠, 돌아가신 아빠도 엄마와 아이를 분리시키는 역할을 할 수 있습니다. 하지만 이는 아빠가 부재할 때의 이야기입니다. 아빠가 바로 옆에 있는 경우는 다릅니다. 아이가 실제 아빠를 겪게 되기 때문입니다. 엄마의 말이 어떤 효과를 냈다고 하더라도, 곁에 있는 아빠가 그렇게 하지 않으면 그 효과는 무뎌질 수 있습니다.

가에탕은 동생과 극심한 경쟁관계에 놓여 있습니다. 동생은 엄마 옆에 있는데 자기는 왜 그러면 안 되는지 아이로서는 이해하기 어렵겠죠. 그런데 문제는 엄마를 놓고 대치하고 있는 가에탕과 동생의 경쟁관계를 정리해주는 사람이 없다는 것입니다. 아빠의 역할은 아이들에게 엄마의 옆자리는 아빠의 자리임을 알리고 그 자리를 놓고 벌이는 경쟁구도를 깨뜨리는 것입니다. 그런데 가에탕의 아빠는 오히려 이런 구도를 강화시키고 있습니다. 아내 옆이 아닌 가에탕 옆으로 가면서 동생이 엄마를 차지하는 것에 동조하게되었습니다. 이는 가에탕이 엄마 옆자리를 두고 동생과 다투는 것을 방관하는 것이기도 합니다.

가에탕의 아빠는 자랑스럽게 자신은 친구 같은 아빠라고 말합니다. 우리 주변에서도 흔히 들을 수 있는 말입니다. 어떤 아빠가 되고 싶은지에 대한 질문에 친구 같은 아빠가 되고 싶다는 답이 꽤 많이 돌아옵니다. 얼핏 보기엔 바람직한 답으로 보입니다. 엄하고 무뚝뚝한 아빠보다는 상냥하고 말이 통하는 아빠가 나아 보일 수 있으니까요. 하지만 현실은 종종 원래 의도와는 다른 효과들을 동반하기도 합니다. 그렇다면 친구 같은 아빠는 어떨까요?

아빠의 최초의 역할

—

엄마가 아빠를 소개하는 방식, 아이가 아빠를 맞이하는 방식이 있는 것처럼 아빠가 아이를 만나는 방식이 있습니다. 이때 핵심은 아빠의 성격이나 개성, 생활태도가 아닙니다. 매사에 엄격한 아빠, 친구처럼 편한 아빠, 말없이 무뚝뚝한 아빠, 상냥하고 다정한 아빠… 이중에서 가장 좋은 아빠의 유형을 택하는 게 아니라는 이야기입니다. 중요한 건 아빠의 역할을 어떻게 수행하느냐입니다. 아빠로서의 최초의 역할, 즉 아이와 엄마를 분리하는 일이 올바르게 이루어져야 한다는 뜻입니다.

아빠의 등장이 엄마와 아이를 분리한다는 건, 엄마 대신 아빠가 아이를 맡는다는 의미가 아닙니다. 아빠의 역할은 아이가 부모와 맺는 관계의 성격을 완전히 바꾸는 데 있습니다. 아이는 이제 '엄마의 아이'가 아니라, 한 가족의 구성원으로서 자리 잡아야 하기 때문입니다. 아빠가 한 사람의 개인으로서 갖고 있는 자기만의 성격, 감정, 습관, 생각 등에 아이를 종속시켜서는 안 된다는 말입니다. 그것은 엄마와의 애착관계를 동일한 수준에서 대체하는 일이 될 뿐입니다.

아빠가 엄마와 아이를 분리시키는 일에는 아빠, 엄마, 아이 모두 사회의 법과 질서 안에 있는 가족의 구성원으로 자리 잡는 일이 동반되어야 합니다. 아이가 엄마나 아빠 개인의 소유물이나 대상이 아니라, 엄연한 한 사람의 존재로서 살아갈 수 있는 자리를 마련해야 한다는 것이죠. 그렇다면 아빠는 어떻게 아이를 만나야 이와 같은 아빠의 역할이 올바르게 이루어질까요?

아빠는 '사회의 법과 질서 아래 있는 자'로서 아이를 만나야 합니다. 그래야만 아이에게 아빠의 세계를 거쳐 사회로 나아갈 수 있는 문이 열리게 됩니다. 아이는 엄마가 바라보는 근사한 아빠, 멋지고 특별한 아빠가 가진 것을 물려받으려 한다고 했습니다. 그것이 아빠 개인에 속하는 것으로 그치지 않고 사회적인 가치를 지녀야만 앞으로 계속 다른 것으로 대체되고 확장될 수 있습니다. 아빠의 것을 물려받는 일이 아빠의 세계에 갇히는 일이 아니라, 사회의 틀 안에서 자신의 새로운 세상을 만드는 일이 되어야 합니다.

아빠가 사회의 법과 질서 안에 있지 않다면, 아이는 둘 중 하나의 궁지에 처하게 됩니다. 엄마의 뜻을 따르는 아빠, 아니면 법과 규칙을 강조하지만 결국에는 자신이 원하는 것, 자신의 마음에 달린 종잡을 수 없는 법을 휘두르는 아빠를 만나게 됩니다. 두 가지 모두 올바른 아빠의 역할이라고 보기는 어렵습니다.

엄마의 뜻을 따르는 아빠

—

먼저, 엄마의 뜻을 따르는 아빠는 앞서 언급했던 친구 같은 아빠가 빠지기 쉬운 함정입니다. 아빠가 사회의 법과 질서를 전수하면서 엄마와 아이를 분리시키는 대신, 오히려 그 관계를 공고히 하는 역할을 하게 될 때 일어나는 일이죠.

엄마와 아이 사이가 분리되고 나면, 아이는 엄마 역시 사회적인 법과 질서 안에 있는 존재라는 것을 알게 됩니다. 사회적인 존재로서의 엄마의 생각과 의견이라면, 아빠는 충분히 존중하고 따를 수 있습니다. 하지만 애착관계 속에서의 엄마의 뜻은 아이 입장에서 볼 때 순전히 엄마의 마음에 달려 있는 것입니다. 엄마와의 둘만의 세상 속에서 아이가 참조할 수 있는 건 엄마뿐이기 때문입니다. 만약 아빠가 이런 관계를 사회적인 법으로 바꾸지 못한다면, 아이에겐 아무런 변화도 일어나지 않게 됩니다.

친구 같은 아빠가 이런 함정에 빠질 수 있다고 했는데, 여기서 친구 같은 아빠란 아빠의 성격이 다정하다거나 아이와 노는 것을 좋아한다는 의미가 아닙니다. 아빠가 아이를 대하는 태도가 정말로 친구 같을 때를 말합니다. 친구는 대등한 관계에 있습니다. 아빠가 엄마 앞에서 아이와 동일한 입장에 놓인다면, 아빠에게는 다른 법을 실행할 수 있는 힘이 달리 주어지지 않습니다.

　아빠는 엄마의 파트너로서 아이 앞에 나타나야 하고, 지금까지 엄마의 뜻이라고 여겼던 것들이 알고 보니 아빠와 상의하고 아빠의 의견이 더해진 것이었음이 밝혀져야 합니다. 가에탕의 아빠는 '친구 같은 아빠'라는 명목 아래 엄마에게 영향을 주는 아빠의 위상을 잃어버립니다. 가에탕의 집에서는 엄마와 아빠가 짝을 이루는 것이 아니라, 엄마와 아이들이 짝을 이룹니다. 아빠는 아이들의 친구처럼 아이들의 경쟁을 방관할 뿐입니다.

　일곱 살이면 엄마가 원하는 것에 매달리기보다는 스스로의 삶을 시작해야 할 때입니다. 하지만 가에탕은 그것을 제대로 시작하지 못하고 있습니다. 말이나 행동으로 표출될 만큼 여전히 동생에게 심한 경쟁심을 느끼고, 아빠하고 자면서부터는 악몽 때문에 잠도 못 자고 있습니다. 부모님이 말하는 규칙에 따르기를 거부하고 자신이 원하는 것만을 고집합니다. 사회적인 가치가 있는 법으로 이동하고 있다고 보기 어려운 상황이죠.

　엄마와의 애착관계가 오래 지속되면 아이는 불안에 빠지기 때문에 아빠가 그 관계를 분리시켜주어야 한다고 했는데, 그것이 단순히 엄마와 떨어지고 아빠와 함께 있는 상황을 말하는 것이 아님을 가에탕의 사례가 잘 보여줍니다. 아이를 엄마와의 종속관계로부터 분리시키고 새로운 자리에 자리 잡게 해주지 못하는 아빠는 아이의 불안을 가중시킬 뿐입니다. 엄마와의 분리가 이루어지지 못한 상황으로부터 만들어진 불안이, 자신의 역할에 실패한 아빠 때문에 막다른 골목을 만나게 되기 때문입니다.

그런 경우 아이들이 다소 비정상적인 방법으로 난관을 헤쳐 나가는 경우가 있는데, 그중 가장 흔히 볼 수 있는 것이 상상 속에서 그 역할을 수행할 수 있는 다른 형상을 소환하는 것입니다. 순하고 다정한 실제 아빠와 다르게 상상 속에서는 주로 무서운 아빠가 등장합니다. 현실 속의 실패를 만회해야 하는 상상 속의 아빠는 사회적인 법과 질서를 따르는 정당하고 일관된 인물이 아니라, 좀 더 가혹한 형태로 엄마로부터의 분리를 성사시키는 과장된 형상으로 나타나기 쉽습니다.

가에탕의 꿈에는 가에탕을 데리고 가려는 괴물이 나타납니다. 아이는 두려움을 느끼지만 매일 밤 그 괴물을 만나죠. 가에탕도 가에탕의 부모도 모르고 있지만, 사실 그 만남은 이 모든 상황에서 가에탕을 벗어나게 해줄 사람을 향한 구조 신호라고 볼 수 있습니다. 아빠를 향한 호소인 것이죠. '아빠, 내 옆에 있지 말고 엄마 옆으로 가세요.' 다행히도 가에탕은 엄마와 아빠가 아이들과 떨어져서 한 방에서 자고, 엄마의 파트너로서의 아빠의 역할이 보충되면서 점점 악몽을 꾸지 않게 되었습니다.

종잡을 수 없는 법을 휘두르는 아빠

아빠의 역할이 왜곡되어 수행되는 또 하나의 경우는 아빠가 사회의 법과 질서를 따르지 않고 자신의 법을 행사할 때입니다. 물론 보통은 가족의 울타리 안에서만 일어나는 일입니다. 소위 '집안에서만 큰소리를 친다'고 할 때의 그 태도입니다. 이때 아빠의 법은 이전까지 엄마 마음에 달렸던 상황을 그대로 이어받는 것에 그칩니다. 이런 경우 대개 아빠는 엄하고 무서운 모습을 보이는데, 그냥 엄하고 무서운 게 아니라 부당하리만큼 가차 없이 엄하고 무서운 아빠입니다. 적정하고 타당한 사회적 법과 질서를 대변하는 것이 아니라, 스스로의 가치관에 의거해 오직 규칙을 위한 규칙, 법을 위한 법을 강요하기 때문입니다. 이런 식이라면 아빠의 법이 작동한다고 해도 아이에게 달라지는 것은 없습니다. 엄마의 종속으로부터 아빠의 종속으로 옮겨갈 뿐입니다. 물론 엄마 또한 아빠의 법 아래 있게 되겠죠. 사회적인 틀 속에 있는 법이 아니라, 아빠 개인에게 속한 독재적인 법인 것입니다.

아이는 아빠의 법을 따르게 되지만 여전히 자신의 자리를 마련하지 못합니다. 아빠의 가차 없고 혹독한 법이 아이의 자리를 허락하지 않기 때문입니다. 아이가 완수할 수 없는 과제를 내주고, 도달할 수 없는 목표를 부과하며, 삼엄한 통제와 압박을 가합니다. 이런 부당한 아빠의 법은 한껏 미화된 아빠를 모방하도록 강요합니다. 완벽한 아빠의 이미지가 제시되고, 아이를 그것과 비교하죠. 아이는 아무리 노력해도 도달할 수 없는 아빠의 '완전함' 앞에서 좌절할 수밖에 없습니다.

간혹 우리는 더할 나위 없이 훌륭한 아빠가 있는데도 무능력하고 무기력한 아이들을 만납니다. 그 아이들에게 아빠는 도저히 접근할 수 없는 난공불락의 성과 같습니다. 성인이 되어서도 관계가 바뀌기는 어렵습니다. 역설적인 것은, 이런 경우 대부분의 아빠가 엄한 법을 행사하는데도 아이에게 아빠는 권위를 지닌 어른이 아니라, 일종의 경쟁자로 위치한다는 것입니다. 비록 이길 수 없이 강한 경쟁자라고 하더라도 그 경쟁자는 자신보다 상위에 있는 자가 아니라 자신과 같은 수준에 있는 자입니다.

아빠가 존경할 만한 권위를 가진, 타당한 법이 보증해주는 어른이라면, 아이는 아빠를 라이벌로 삼을 수 없습니다. 하지만 자신만의 법을 세워 휘두르는 아빠는 아이를 영원한 패배자의 자리에 묶는 대가로 스스로를 아이의 경쟁자로 위치시키게 됩니다. 지난날 법과 권위에 대한 잘못된 이해로 이런 형태의 아버지들이 꽤 많이 보였습니다. 집안에서 지켜야 할 규칙들을 부과하고 그에 대한 복종을 강요하지만, 그러한 규칙들이 사회적인 함의를 갖고 있지도 않을 뿐더러, 막상 자신은 그러한 규칙들에서 비켜나 있는 모습이었습니다. 성인이 되어서까지 아버지와의 갈등이 깊은 문제를 야기하는 사례들 중에는 이런 아버지가 자주 등장합니다.

아빠가 사회의 법과 질서를 따른다면, 때로 그것을 지키지 못하거나 실수를 했다고 해서 권위가 무너지지는 않습니다. 누구에게나 실수의 여지가 있고 그것이 인정되는 것이죠. 하지만 아빠가 스스로 법을 세우고 그 법 위에 군림한다면 상황은 달라집니다. 만에 하나 어떤 실수를 보이거나 잘못을 하게 되면 그 가치가 단번에 추락하게 됩니다. 권위가 사회적으로 인정되는 기준을 따르지 않고 스스로 꾸민 이미지에 불과하다면, 틈 하나만 생겨도 쉽게 부서져버리고 마는 것이죠. 이런 경우 자식들은 아빠의 완벽한 이미지와 추락한 이미지 사이에서 치유하기 어려운 고통을 겪게 됩니다.

아이가 자신의 이야기를 시작하는 법

—

아빠는 아이와 나란히 있지도, 자신만의 법을 세우고 아이 위에서 군림하지도 말아야 합니다. 두 경우 모두 아이와 아빠는 경쟁관계 속에 자리 잡습니다. 대결에서 패배하면 아이는 나르시시즘에 큰 상처를 입게 되겠죠. 그렇다고 아빠를 자신보다 못한 자로 낙오시키면서 아빠를 이길 수도 없는 노릇입니다. 어찌되었든 자신이 의지 삼을 수밖에 없는 존재이기 때문입니다. 아이는 이러지도 저러지도 못하는 부조리한 상황에 빠지게 됩니다. 어떠한 경우라도 아이의 존재 가치는 경쟁관계를 통해 결정되지 않아야 합니다.

아이가 최초로 만나는 엄마와 아빠의 역할은 남녀의 역할 분담과 혼동되어서도 안 되고, 아이를 얼마나 편하고 풍요롭게 보살펴주느냐의 문제로 환원되어서도 안 됩니다.

아이가 좀 더 성장한 이후 부모와의 관계는 변화할 수 있겠지만, 적어도 아이가 한 인간으로서 이 세상에 자리 잡고 부모에게 종속된 삶이 아닌 '자신의 삶'을 시작하는 시기에 부모의 역할은 그런 것이 아닙니다. 일차적으로는 아이가 엄마의 욕망 안에 자리 잡고, 이차적으로는 그것으로부터 분리되어 나올 수 있게 해주는 것이 바로 엄마와 아빠의 최초의 역할입니다. 아이가 자신의 이야기, 자신의 역사의 주인으로서 삶을 시작할 수 있는 토대를 만들어주는 일이죠.

자신의 삶을 시작한다는 것은 무슨 의미일까요? 결국 이 세계와의 관계 속으로 들어간다는 것입니다. 처음에 엄마하고만 관계를 맺었던 아이는 이제 다른 사람들, 사물들, 사건들과 관계를 맺기 시작해야 합니다. 이때 아빠는 엄마와의 관계를 끊어주면서 아이가 엄마가 원하는 것이 될 수 없으며 그 자리에는 아빠가 있다는 것을 알려주는 사람입니다. 그리고 아이는 엄마가 원하는 것이 '되고자' 하는 것에서 아빠가 갖고 있는 것을 '갖고자' 하는 쪽으로 삶의 방향을 바꾸게 됩니다. 아이의 삶이 바뀌는 지점이 바로 여기입니다. 무언가를 '가진다'는 것은 자신의 세상을 구축하는 일이기 때문입니다. 자신의 이야기, 자신의 역사가 시작되는 것이죠. 어엿한 한 사람의 삶이 시작되는 것입니다.

가에탕의 아빠를 비롯해서 요즘 아빠들이 추구하듯이 친구처럼 아이와 놀아주고 따뜻하게 도닥여주는 것만으로는 이런 역할을 수행해낼 수 없습니다. 중요한 것은 아빠가 아이와 함께 무엇을 해야 하는지의 문제가 아니라 아빠가 아이에게 어떤 입장을 취해야 하는지의 문제입니다. 아이의 삶의 변환('되기'에서 '가지기')을 이끌어내는 일은 아무나 할 수 있는 일이 아닙니다. 엄마의 파트너이자 아이의 공동 책임자인 아빠만이 할 수 있는 특별한 일이죠. 친구 같은 아빠는 독이 될 수 있습니다. 자칫하면 아이의 성장에 가장 중요한 일 중 하나인 이 임무를 수행하지 못할 수도 있기 때문입니다.

아빠의
징표

•

아빠가 아이에게 보내는 최초의 메시지는 'No'입니다. '아니다', '안 된다'라는 것이죠. "너는 엄마가 원하는 것이 아니다", "너는 엄마가 원하는 것이 되려고 하면 안 된다." 그렇게 아빠의 첫 개입은 아이를 향한 금지의 명령을 통해서 시작됩니다. 그런데 아빠의 메시지가 금지에서 멈춘다면 아이는 원래 자신의 자리에서 쫓겨나기만 하는 형국이 될 것입니다. 그것이 아무리 엄마의 뜻에 종속된, 언제 뺏길지 모르는 불안한 자리였다고 하더라도 아이가 자리 잡을 수 있었던 유일한 거처였으니 말입니다. 더불어 아빠는 아이와 별다른 관계를 맺지 못하게 될 것입니다. 아이를 배척하고 그 자리를 차지해버리는 것이니까요. 결국 아빠는 아이가 시기하거나 적대시하는 경쟁자의 위상을 벗어나지 못하거나, 대면하기 어려운 두려운 존재가 되겠죠.

하지만 다행히도 아빠의 역할은 그렇게 금지하는 것으로 끝나지 않습니다. 아빠의 메시지에 숨겨진 뜻이 있기 때문입니다. "너는 엄마가 원하는 것이 될 수 없다. 그런 식으로라면!" 그런데 이는 바꿔 말하면, "너는 엄마가 원하는 것이 될 수도 있다. 다른 식으로라면!"이 됩니다. '다른 식으로라면' 엄마가 원하는 것이 될 수도 있는 가능성이 열리는 것입니다. 바로 그 가능성으로부터 아이는 '아빠가 되기'를 원할 수 있게 됩니다. 말하자면 아빠가 가진 것을 갖고자 하는 것이죠. 그렇게 아빠의 물려주기와 아이의 물려받기가 시작됩니다.

이와 관련해서 가장 먼저 떠오르는 건 '상속'이라는 말일 겁니다. 아빠의 것을 포함하여 한 가문의 유산이 대대로 전수되는 것을 우리는 상속이라고 부르는데 보통은 물질적인 것을 가리킵니다. 그러나 여기서 주목하려는 것은 정신적, 심리적 차원에서의 상속입니다. 아빠에게서 무언가를 물려받음으로써 아이에게 '아, 내가 정말 아빠의 삶을, 아빠 그 자체를 이어가는 존재가 되었구나'를 확신하게 만드는 상속이죠. 물질적, 법적인 상속도 의미가 크지만, 물질적 상속이 정신적 차원의 상속을 보장한다고 볼 수는 없습니다.

예를 들어 아빠의 땅을 상속받는다고 하더라도, 그것이 반드시 정신적인 차원에서 아빠가 나를 자신의 삶을 물려받을 자격이 있는 자식으로 인정했다는 것을 의미하지는 않습니다. 우리가 유전적이라고 부르는 것도 마찬가지죠. 아빠의 선천적인 특성이 내게도 있다는 것이 반드시 내가 아빠가 선택한 상속자임을 증명해주지는 않습니다. 그렇다면 무엇을 물려받는 것이 정신적인 차원의 상속을 확인해줄까요?

아빠의 인정과 욕망

—

소위 아빠의 징표라고 불릴 수 있는 것들이 있습니다. 아빠가 요리사라면 가장 소중히 써온 칼이, 작가라면 평생 작품을 써왔던 펜이, 야구 선수라면 글러브가 아빠의 징표에 대한 전형적인 예들이 될 수 있습니다. 아빠의 정체성을 상징해주는 것, 그것이 없다면 아빠가 아니게 되는 것, 혹은 아빠가 가장 아끼고 애용하던 것, 늘 아빠의 곁을 지키던 것이 아빠의 징표입니다.

이때 짚고 넘어가야 하는 것은, 만약 아빠의 징표를 물려받는 것이 아빠의 삶을 그대로 이어나가야 한다는 의미로서만 해석된다면, 이는 양쪽 모두에게 곤란을 야기할 수도 있다는 사실입니다. 아빠의 입장에서는 자신의 가치를 간직해줄 것이라 믿을 수 있는 자식을 선택하기가 무척이나 까다로울 것입니다. 징표를 물려받는 아이의 입장도 마찬가지로 복잡해질 수 있습니다. 아빠의 인정을 받는다는 것은 좋은 일이지만, 그것이 자신에게 부여하는 의미나 책임이 버거울 수 있기 때문입니다. 세속적인 차원에서 크게 성공하고 존경받는 아빠가 자식에게 아무것도 물려주지 못하는 경우가 간혹 있는데, 이는 아이가 아빠의 대단한 것, 즉 아빠의 월등한 능력에 도달하는 것이 애초부터 불가능하다고 여기거나, 혹은 아빠가 아이에 대한 높은 기대 때문에 아이를 인정하는 데 인색하기 때문일 수 있습니다. 반면 아이 쪽에서 아빠의 징표를 거부하는 경우가 생길 수도 있습니다. 자신은 아빠의 길을 따라가지 않겠다는 의지의 표현이죠.

아이가 아빠의 징표를 물려받는다는 것이 반드시 아빠가 간 길을 가야 하는 것으로 받아들여져서는 안 됩니다. 그것으로 아이의 미래에 제한을 가해서는 안 된다는 말입니다.

아이가 아빠의 징표를 자신의 것으로 삼는다고 해서 그 징표를 끝까지 붙들고 나아간다는 의미는 아닙니다. 징표는 아이의 삶의 실마리 같은 것입니다. 다른 것들과 관계를 맺기 위한 초석인 것이죠. 아빠의 징표를 받음으로써 아이는 무엇보다 자신의 자리를 확고히 합니다. 그리고 이후에는 징표와 연관이 있는 것들로 관계를 넓혀 더 많은 것들을 자신의 것으로 삼게 됩니다. 아이에게 무엇보다 중요한 것은 관계의 망을 넓혀서 자신의 영역을 넓히는 것인데, 아빠의 징표는 그런 작업의 토대를 다지게 해주는 것입니다.

성공했다고 여겨지는 아빠가 자신이 가진 것의 가치에 매료되어 그것만을 전수하기를 고집한다면, 운이 좋아 그대로 상속시킬 수도 있겠지만, 그렇지 않다면 아이의 세계는 앞뒤로 꽉 막힐 수 있습니다. 다른 한편 전통적인 사회에서와 달리 현대 사회에서는 아빠의 정체성을 나타내주는 상징을 찾기 어려운 경우가 많습니다. 직업을 상징하는 확실한 물건이나 아빠가 평생을 공들여 사용한 물건이 없을 수도 있다는 것입니다. 물론 징표가 꼭 물건인 것만은 아닙니다. 추상적인 개념이나 가치, 태도가 될 수도 있죠. 어쨌든 아빠의 징표가 아빠가 고수해온 가치를 아이가 그대로 이어받도록 지정해주는 것으로만 국한된다면, 현대의 아빠들은 모든 영역을 통틀어도 아이에게 물려주기에 적절한 자신의 징표를 찾아내기가 쉽지 않을 것입니다.

그런 맥락에서 아빠의 징표에 담긴 핵심적인 의미를 재고해볼 필요가 있습니다. 아빠의 징표는 아빠가 아이에게 진정으로 전수해야 할 것이 무엇인지를 보여줍니다. 요컨대 그것은 아빠의 인정과 아빠의 욕망입니다. 아이를 인정해 안정된 자리를 마련해주고, 아빠가 자신에게 없던 것을 어떻게 가지게 되었는지를 증언하고 전수하는 것이죠.

아이가 아빠가 가진 것을 가지려면 무엇보다 아빠의 인정이 있어야 합니다. 아빠의 인정이란 말 그대로 아빠가 자기와의 관계를 확인해주는 것을 말합니다. 결국 아빠에게 인정받는다는 것은 애초에는 아빠의 것을 자신도 가질 수 있다는 가능성에 대한 인정이지만, 그것을 통해 아이는 아빠의 세계로 초대되고, 그로부터 자신의 자리를 찾게 됩니다.

우리는 흔히 칭찬은 고래도 춤추게 하니 하면 할수록 좋다고 말합니다. 하지만 인정이 없는 칭찬이라면, 사람을 춤추게 하지 않을 수도 있습니다. 칭찬을 하지만 자신과의 관계는 허용하지 않는 것입니다. 잘했다고 하면서 박수를 치지만 초대는 하지 않습니다. 이른바 입에 발린 칭찬이죠. 칭찬이 진짜 의미가 있으려면 자신과의 관계를 만들어주는 칭찬이 되어야 합니다. 초대를 동반하는 칭찬이죠. 아이가 아빠에게 바라는 칭찬이란 바로 그런 것입니다.

두 번째로 아빠의 징표는 아빠가 소중하게 여겼던 것이 무엇인지를 보여주는 것입니다. 그것을 통해 아빠의 삶이 어떠했는지가 가늠되어야 합니다. 아빠가 어떤 사람이었는지, 어떤 일을 했는지, 어떤 것을 좋아했는지, 어떤 것에 열중했는지가 드러나야 합니다.

자신을 상징해주는 징표에는 숨겨진 비밀이 있습니다. 그것은 마치 자신이 가지고 있는 것을 상징하는 듯이 보이지만, 사실은 자신이 가지고 있지 않은 것을 상징하고 있다는 것입니다. 평생을 하나의 펜으로 작품을 써온 작가가 있다면, 그 펜은 그 사람이 작가임을, 작가로서의 능력을, 작가로서의 자격을 보여주는 것처럼 보이겠죠. 하지만 그 사람 존재 자체에서는 그를 작가로 만들어주는 그 어떤 것도 찾을 수 없습니다. 펜은 그런 부족함을 메우기 위해, 자신을 작가로 만들고 증명하기 위해 필요했던 물건입니다. 작가가 아닌 사람을 작가로 만들어준 것이 바로 펜인 것입니다. 야구 선수에게 글러브도, 요리사에게 칼도 마찬가지입니다. 애초에 자신이 지니고 있지 않던 선수로서의 능력과 요리사로서의 능력은 글러브와 칼을 가지고 쉬지 않고 몰두했던 연습과 실천을 통해 만들어진 것입니다. 그들의 징표가 되는 글러브와 칼은 그런 의미에서 애초에 그들이 가지고 있지 않던 능력을 가리키고 있는 셈입니다.

여기서 핵심은 그런 징표들에는 자신이 원하는 것, 갖고 싶었던 것, 이루고자 했던 것을 향해 가는 열정과 여정이 담겨 있다는 것입니다. 요리사 아빠의 징표인 칼에는 멋진 요리사가 되고 싶었던 아빠의 꿈과 그것을 위해 평생 칼질을 하면서 흘린 땀과 눈물이 담겨 있습니다. 이제는 실력 있는 요리사가 된 아빠의 칼은 사실은 아무것도 아니었던 아빠를 요리사로 만들어준 물건입니다. 그것은 실력 있는 요리사인 아빠를 상징하는 것이 아니라, 그렇게 되기 위해 살아온 아빠의 노력과 시간을 상징합니다.

자신의 징표를 자식에게 물려준다는 진짜 의미가 바로 여기에 있습니다. 작가였던 아빠의 펜을 받으면 작가가 되고, 요리사였던 아빠의 칼을 받으면 요리사가 되어야 하는 게 아닙니다. 아빠가 징표와 함께 아이에게 물려주는 것은 완성된 타이틀이 아니라, 자신의 열정, 노력, 소망이기 때문입니다. 아빠의 징표가 숨기고 있는 것은 원래는 가지고 있지 않던 것을 가지기 위해서 아빠가 살아온 과정입니다.

아이가 찾은 징표

—

앞서 아빠의 징표는 아빠가 아이에게 진정으로 전수해야 할 것이 무엇인지 보여주는데, 요컨대 그것은 아빠의 인정과 욕망이라고 했습니다. 여기서 흥미로운 점은 진정한 의미에서의 아빠의 '전수'가 바로 이런 맥락에 있다는 것을 아이들을 잘 살펴보면 알 수 있다는 사실입니다.

성공한 사업가이자 부지런하고 똑똑하고 성실한 아빠가 휴일마다 수영을 하면서 땀을 흘리는 모습이 열두 살짜리 딸에게는 가장 멋져 보였던 것 같습니다. 아빠의 사회적인 지위는 관심 밖이라는 듯 아이는 수영하는 아빠에게만 관심을 보이고, 자기도 열심히 수영을 하기 시작합니다. 그리고 그것을 아빠에게 인정받고 싶어 합니다. 하지만 부지런하고 똑똑하고 성실한 아빠는 왜 아이가 자기처럼 공부를 잘하거나 머리가 좋거나 성실하지 않은지 불만스러울 뿐입니다. 당연히 아이가 수영하는 모습도 별로 탐탁지 않습니다. 아빠와 아이가 어긋나는 순간입니다.

여기서 잠시 생각해보도록 하죠. 게으르고, 성실하지도 않은 아빠가 휴일마다 수영을 했다면, 그것도 아이에게 멋지게 보였을까요? 매일 바쁘고 피곤해서 시간 내기도 힘든 아빠가 휴일에 쉬는 대신 힘들게 땀을 흘리며 수영을 한다면, 아빠에게는 수영이 참 중요한가 보다 하고 여겨지지 않을까요? '아, 우리 아빠는 수영하는 걸 아주 좋아하는구나, 아빠는 수영을 잘하고 싶은 거구나.' 부족한 시간을 쪼개고, 피곤한 몸을 움직여 수영하는 아빠는 아이에게 자기가 하고 싶은 일에 열정을 바치는 모습을 전수하는 것입니다. 그런 아빠를 보며 아이가 아빠 흉내를 내는 것은 일차적으로는 아빠가 좋아하고 잘하는 일을 자기도 좋아하고 잘하고 싶은 마음이고, 궁극적으로는 수영의 어떤 부분이 아빠를 매혹시켰는지, 아빠는 어떻게 그것을 원하게 되었는지를 알아내고 싶기 때문입니다.

아이가 수영을 아빠의 징표로 삼고 물려받고자 하는 이유는 그것을 통해 아빠에게 인정받고, 아빠처럼 어떤 것을 절실하게 원하고 이루는 시간을 경험하고 싶기 때문입니다. 아빠는 자신의 본질이 명석한 두뇌, 성실한 학교생활이나 사회생활, 혹은 사업가라는 타이틀에 있을 것이라고 생각하지만, 사실 힘든 여건에서도 열정을 버리지 않는 수영이 자신에게 가장 소중한 일일 수도 있습니다. 현재 아이가 아빠를 닮지 않아 아빠가 원하는 능력을 보여주지 못한다고 하더라도, 만약 수영이라는 공통된 관심사로 아빠의 인정을 받게 된다면, 아빠의 다른 특질들도 함께 상속받을 가능성이 커집니다. 아빠가 자기가 원하는 것을 땀 흘려 이루어내는 것을 목격하면서 아이는 스스로가 바라는 어떤 것을 이루어나가는 힘을 기르게 될 것입니다.

앞서 이야기했던 영훈이 아빠는 전자제품을 고치는 일이나 힘을 쓰는 일과는 전혀 상관없는 일을 하시는 분입니다. 그런데도 아이는 할아버지까지 거슬러 올라가며 힘과 제품 수리를 중심으로 계통을 만들어냅니다. 영훈이의 아빠는 아이가 자신과의 연결 고리로 제품 수리를 골랐다는 사실을 상상조차 못할 것입니다.

영훈이는 '힘'이라는 말에 매료되어 있는 아이입니다. '힘들다', '힘이 없다', '힘이 난다' 같은 말을 많이 쓰기도 하고, 무엇보다 힘이 센 것을 최고의 미덕으로 여깁니다. 영훈이는 '힘센 것들'이라는 주제에 둘러싸여 살아갑니다. 모든 관심사가 힘으로 모아지죠. 할아버지가 힘에 대해 해주었던 이야기, 아빠가 힘을 쓰는 모습을 본 경험, 그것들을 바탕으로 영훈이는 아빠, 할아버지와 관계를 맺고, 그 관계를 통해 자기 삶의 이야기 속으로 들어갑니다. 힘이라는 징표를 물려받아 아빠의 아들, 할아버지의 손자로 자리 잡고, 그 힘을 통해 아빠에게 인정받기를 바라는 것이죠. 어찌 보면 영훈이가 원하는 것은 별 가치가 없는 일로 여겨질 수 있습니다. 부모 입장에서라면 답답하다고 생각할 수도 있을 겁니다. 나아가 영훈이가 지금 가치 있다고 생각하는 '힘'을 끝까지 자신의 가치로 붙들고 있을지도 미지수입니다. 여기서 우리가 되새겨야 하는 것은, 무엇이 됐든 자신의 것이 있는 것과 아무것도 없는 것에는 큰 차이가 있다는 사실입니다. 영훈이가 센 힘을 가지고 있고, 전자제품을 고치는 능력을 가지고 있다면, 그런 것이 없는 영훈이와는 분명 다른 영훈이가 될 것입니다.

아빠의 징표를 전수받는 일은 아빠가 자신이 물려줄 것을 정한다기보다, 오히려 아이 스스로 아빠에게서 물려받을 징표를 찾아내어 자신의 것으로 만드는 과정일 수 있습니다. 그렇다면 전수는 아이가 원하는 것에 아빠가 사인을 해주는 일이 되겠죠. 아빠의 마크를 찍는 것입니다. 이를 통해 아이가 원하는 것이 아빠의 승인을 거쳐 근거를 얻고, 그것을 바탕으로 의미와 가치를 부여받을 수 있게 됩니다. 이는 삶에서 일어나는 매우 진중한 일 중 하나입니다. 자신이 하고 싶은 일을 자기 마음대로 하는 것과 정식으로 인정받고 사회의 틀 안에서 이루어나가는 것은 아주 다른 차원입니다. 그런 의미에서 아이가 찾아낸 것이 진짜 아빠의 것이 아니라고 하더라도 아이가 자신의 방식대로 아빠의 것이라고 찾아낸 것을 인정해주는 일은 아이의 세상을 조금 더 넓혀주는 현명한 선택이 될 수 있습니다.

아빠의 세계로의 초대

—

1등에 집착하는 클레망이라는 학생을 기억하시나요? 클레망은 『바라카몬』이라는 일본 만화를 제일 좋아한다면서 저를 처음 본 날부터 그 이야기를 해주었습니다. 『바라카몬』은 아주 유명한 서예의 대가를 아버지로 둔 '한다'라는 청년이 자신의 작품을 혹평한 심사관에게 주먹을 휘두르고, 그 일로 인해 아버지로부터 낯선 섬으로 쫓겨난 이야기라고 합니다. 클레망은 "아버지 때문에"라는 표현을 썼죠. 하지만 한다는 그 섬에서 마을 사람들과 의미 있는 시간을 보내면서 자신만의 서체를 개발하고, 아버지와도 화해하면서 성장하게 된다고 합니다.

클레망은 『바라카몬』을 너무 좋아해서 몇 번을 읽었는지 모른다고 했습니다. 그리고 제가 한국 사람이니까 한국 글자를 배우고 싶다고 가르쳐달라고 했죠. 클레망은 저와 한글 기초를 공부하고, 붓 펜으로 한글 쓰기를 연습했습니다.

클레망은 예상대로 "내 글씨 수준이 어느 정도 돼요? 최고는 아니겠죠?"라는 류의 질문을 했습니다. 저는 중요한 것은 독특한 서체이지 최고의 서체는 아닐 거라고 말해주었죠. 아이는 '독특한(original)'이라는 말이 맘에 든다면서 자기만의 서체를 만들기 위해 노력했습니다.

서예를 하면서 공격성을 조금씩 조절해갈 수 있었던 클레망은 몇 달 후 제가 다시 『바라카몬』에 대해 이야기해달라고 했더니 이렇게 대답했습니다. "그건 한다가 아버지 덕분에 섬에 가서 자기의 독특한 서체를 만들어낸 이야기예요." 제가 한 번 더 확인해보았죠. "아버지 덕분에?" "네, 아버지 덕분에요." 처음에는 아버지 '때문에'라고 했던 클레망이 이번에는 '덕분에'라는 표현을 썼습니다. 클레망이 처음 『바라카몬』을 들려줄 때 함께 이야기해주었던 애니메이션이 두 개 있었습니다. 〈벼랑 위의 포뇨〉와 〈바람계곡의 나우시카〉인데, 클레망이 이 이야기들에서도 강조한 것은 아버지와 자식 세대의 대립이었습니다. 그런데 변화가 생긴 것입니다. 그건 클레망이 자신만의 서체를 가지게 된 다음입니다. 자신의 것을 가지게 되자 아이는 인정받을 수 있을 거라는 기대와 함께 아빠와의 연대를 만들어냅니다. 거기엔 『바라카몬』이라는 만화의 내용이 많은 의지가 되었겠죠.

아빠의 것이 아빠의 인정을 통해 자신의 것이 됩니다. 또한 자신의 것을 가지게 되면 아빠의 인정을 기대하게 됩니다. 아이의 세상은 그런 식으로 아빠의 세상과 연결됩니다. 애초에 엄마가 바라는 것을 이루고자 하는 바람에서 출발했지만 이제는 아이의 세상이 확장되고 관계가 쌓여가는 것이 중심이 됩니다.

아빠와의 계통을 만들어내는 아이들의 기발함을 보여주는 에피소드가 하나 더 있습니다. 제 지인의 여섯 살 난 아들 이야기입니다. 양해를 구하고 페이스북에 있는 내용을 그대로 옮겨봅니다.

"아빠, 이거 뭐야?"

"뭐…? 이거? 나침반."

"나침반이 뭐야?"

"음… 방향을 알려주는 거야. 바다에서 배를 타고 갈 때 어디가 북쪽인지 남쪽인지 알려주는 거."

"남쪽? 펭귄 사는 데?"

"응."

"그럼 아빠 옛날에 해적이었어? 멋지다."

"해적? 으응… 그럼! 아빠는 옛날에 해적이었어. 지금은 책을 만들지만."

"진짜? 와 멋지다. 그럼 할아버지도 해적이었겠네?"

"으응… 그렇지… 해적."

"와, 그러면 나도 나중에 해적이 되겠네!"

"당연하지."

아이들의 족보는 이렇게 만들어집니다. 아이가 자신의 진짜 아빠를 갖는 방법이라고 할 수 있죠. 아이가 아빠의 물건을 하나 발견합니다. 특이하게도 이 아이는 나침반을 발견했네요. 책을 만드는 아빠가 나침반을 들고 있을 때가 과연 몇 번이나 되었을까요? 아이는 그것을 자신만의 판본으로 해석해냅니다. 어쩌면 아빠가 일과는 별로 관계없는 물건을 가지고 있는 것이 오히려 아이에게는 아빠의 징표가 되는 이유가 되었는지도 모릅니다. '아빠는 책을 만드는데 나침반이라니…. 아빠한테 정말 소중한 건가 보다. 아빠는 남쪽으로 가야 하는 걸까? 그럼 아빠는 해적인가?'

해적, 21세기 서울 한복판에서 흔히 듣기 어려운 단어입니다. 하지만 이 아이는 운이 좋은 것 같습니다. 아빠가 아이가 선택한 낯선 모습의 아빠를 인정해주었으니까요. 아빠가 해적이니 할아버지도 해적이고 당연히 이 아이도 해적이겠죠. 이 아이의 세상이 앞으로 어떤 이야기를 만들어 낼지 참으로 궁금해집니다. 책을 만드는 해적을 조상으로 가진 이상 분명 여느 해적과는 다른 해적이 되겠죠.

'아니다'라고 금지하는 아빠, 물론 중요하고 필요합니다. 하지만 그 아빠는 '그렇다'라고 인정하면서 자신의 세계로 초대해주는 아빠이기도 해야 합니다. 그리고 아빠의 세상에서 아이가 물려받을 것은 아빠가 자신의 것으로 가지고 있었던 것이 아니라, '자신의 것이 아니었던 것'입니다. 다시 말하자면, 자신한테 없던 것이라서 갖고 싶었던 것, 그것을 가지면 자신이 가치 있는 사람이 될 것 같았던 것, 아무리 힘들어도 꼭 가지고 싶었던 소중한 것입니다. 그리고 그것을 자신의 것으로 만들기 위해 겪어낸 과정입니다. 무언가를 바라고 이뤄내는 방법을 보여주는 것이 아빠가 아이에게 해주어야 할 전수입니다. 미리 정해진 것을 아이가 그대로 물려받는 것이 아니라는 의미죠.

이전 시대에 여자아이가 자라던 방식은 아빠의 인정과 전수가 아이의 성장을 어느 방향으로 이끌어야 하는지를 잘 보여줍니다. 남자아이만이 상속자로서 가문의 구성원이라고 여겨지던 시기에, 여자아이는 그것이 무엇이든 아빠의 것을 물려받기 어려웠습니다. 대신 전통사회가 정해놓은 전형적인 틀, 즉 여성적인 삶과 관련된 것들을 따라야 했습니다. 이것이 여자아이들의 성장을 가로막는 이중적인 한계였습니다. 아빠의 인정을 통해 기존 사회의 구성원의 자리로 접근할 수 없을뿐더러, 엄마와의 애착관계에서 벗어나 세상으로 나아가는 성장의 과정에서 전통사회가 부과한 제한된 삶의 방식을 따라야 했던 것입니다. 그에 따라 오랜 세월 동안 모성으로서의 여성성만이 강조되고 이어져 내려왔습니다. 만족스러울 정도는 아니지만 이제는 사회로의 접근이 어느 정도 남녀 동등하게 이루어지고 있습니다. 그 첫 계기를 마련해주는 아빠의 인정이 더 이상 여자아이를 배제하지 않게 되었고, 전통에 따라 정해진 길만 강요되지도 않습니다.

중요한 것은 전통의 제한이 빠져나간 자리가 아빠의 제한으로 채워져서는 안 된다는 것입니다. 아빠가 가진 것, 아빠가 원하는 것을 아이가 따르기만 해야 한다면 이전의 양식이 그대로 되풀이될 뿐입니다. 아빠는 아이가 스스로의 자리, 스스로의 욕망을 만드는 법을 배우고 실천할 수 있도록 길을 열어주어야 합니다. 아빠의 역할은 아이의 목적지를 정해주는 것이 아니라, 아이의 출발을 가능하게 만드는 것이기 때문입니다.

3부

어떻게 배움의 세계로
들어서는가

내가 '무엇을 원한다'라고 말할 수 있기 이전에

'나'라고 말할 수 있어야 한다.

·

에티엔 보노 드 콩디악, 『감각론』(1754)

즐거움의 원천에는
엄마가 있다

·

노아는 자폐를 가진 네 살 남자아이입니다. 프랑스 메디
컬 상담센터에서 운영하는 자폐 프로그램에 오는 아이였는
데 우리가 흔히 생각하는 자폐아의 모습 그대로였습니다.
이름을 불러도 반응하지 않고, 다른 사람에게 전혀 관심이
없고, 눈을 맞추지도 않았습니다. 사람뿐만 아니라 물건에
도 반응하지 않았죠. 다만 장난감 자동차만 예외였습니다.

노아는 상담센터에 들어오자마자 장난감 자동차가 잔뜩
든 바구니를 테이블 위에 쏟고 자동차들을 일렬로 늘어놓
은 후, 하나씩 잡고 일직선을 그리며 앞뒤로 움직입니다. 그

렇게 집에 돌아갈 시간이 다 되도록 같은 행동을 반복합니다. 같은 자폐아지만 다른 양상을 보이는 친구가 이리저리 뛰어다니다가 와서 부딪쳐도 아랑곳하지 않고 묵묵히 자동차만 앞으로 보냈다가 뒤로 보냅니다. 물론 말을 시켜도 쳐다보거나 대답하지 않습니다. 저는 노아 옆에 앉아 노아의 행동을 똑같이 따라 하면서 저 혼자 놀았습니다. 어떤 시도를 해도 노아가 같이 놀아주지 않았으니까요. 물론 제게는 목표가 있었으니 속으로는 많은 생각들이 오갔습니다. '어떻게 하면 노아가 내게 관심을 갖게 할 수 있을까? 어떻게 하면 노아가 다른 행동을 하게 할 수 있을까?'

그렇게 몇 개월이 지난 어느 날, 저는 가지고 놀던 자동차를 테이블 아래로 떨어뜨리면서 놀라는 소리를 냈습니다. "앗!" 당연히 자동차가 떨어지는 소리도 같이 났죠. 아이가 처음으로 고개를 돌려 제 쪽을 바라봤습니다. "와아~" 하면서 떨어진 자동차를 주운 후, 저는 다시 또 다른 자동차를 떨어뜨리면서 "앗!" 하고 소리치고 "와아~" 하면서 주웠습니다. 그렇게 몇 번을 반복한 후 말했습니다. "자동차가 똥처럼 떨어진다." 동서양을 막론하고 아이들이 '똥'이라는 말에 반응하지 않기란 어렵습니다. 노아는 "똥처럼 떨어진다"는 말에 눈을 동그랗게 뜨며 저를 바라보았습니다. 이윽고

제 쪽으로 다가와서 자동차가 떨어지고 다시 주워올려지는 모습을 가까이 들여다보았습니다.

저는 이어서 레고로 만든 차를 떨어뜨렸습니다. 레고는 아이들이 마음대로 만들고, 부수고, 다시 만들 수 있어서 제가 많이 이용하는 놀이 도구입니다. 테이블 위에서 떨어뜨리니 다른 자동차와 달리 레고로 만든 자동차는 부서졌습니다. "어, 이건 부서지네." 노아가 웃음을 보였습니다.

그날 이후로 한동안 우리는 함께 장난감 자동차와 레고 자동차를 하나씩 떨어뜨리고 줍기를 반복했습니다. 저는 "부서진다", "안 부서진다"도 함께 반복해주었습니다. 그러고 나서 부서진 레고 자동차를 집어서 "이건 고쳐야겠다" 하고 다시 만들었죠. 정말 기특하게도 노아도 다른 레고 자동차를 집어서 조립하는 시늉을 했습니다. 물론 잘하지도 못했고 적극적이지도 않았지만요.

꽤 오랜 시간이 지난 후 노아와 함께 레고 자동차를 만들기 시작했습니다. 사실 만든다기보다는 블록 한두 개 정도를 자동차 위에 덧붙이는 것이었지만, 노아로서는 큰 변화였습니다. 제가 자동차에 사람을 태우자고 하면서 사람 모형을 자동차 위에 올려놓았더니 노아가 말했습니다. "앉아." 노아를 만나고 처음으로 들은 말이었습니다. 노아가 변할 수 있는 가능성이 열리는 것 같았습니다. 물론 노아의 자폐증이 기적처럼 없어질 수 있다는 이야기는 전혀 아닙니다.

노아가 반응을 보였던 '똥처럼'이라는 말이나 떨어뜨리기, 부서뜨리기 등은 일반적인 아이들도 보통 좋아하는 것들입니다. 그것들을 통해서 아이들과 쉽게 친해지고, 아이들에게 쉽게 뭔가를 가르칠 수 있죠. 아마 대부분의 어른들도 알고 있는 사실일 겁니다. 왜 그런 걸까요? 몸에서 느낄 수 있는 즐거움과 연관된 것들이면서 동시에 나와 세상을 연결해주는 것이기 때문입니다. 차후 살펴보겠지만, 떨어뜨리기와 부서뜨리기는 '똥을 싸다'의 맥락에 있는 행동들입니다.

아이가 처음으로 세상을 받아들이는 방법

—

어린아이가 맨 처음 즐거움을 느끼는 방식은 어른들의 방식과 꽤 다릅니다. 아니, 굳이 어른들까지 가지 않더라도 아이가 조금 더 성장하면 이미 즐기는 방법이 변한다는 것을 알 수 있습니다. 아이의 즐거움들은 나의 몸이 세상과 연결되는 부분에서 시작됩니다. 일차적으로는 엄마와 연결되면서 만들어지고, 그것이 다른 세상과의 접촉으로 이어지죠.

어린아이의 첫 즐거움에는 빠는 것과 싸는 것, 그리고 보는 것과 듣는 것이 있습니다. 공통점은 모두 생리적으로 가장 먼저 발달하는 기관에 속한다는 것입니다. 그런데 문제는 아이는 스스로 그 기능을 쓸 수 없다는 것입니다. 엄마의 도움이 절실하죠. 이는 곧 아이가 느끼는 즐거움은 엄마와의 관계를 바탕으로 한다는 의미입니다.

아이가 느끼는 첫 번째 몸의 즐거움은 자기가 달라 하고 엄마가 주는 젖가슴을 빨면서 생깁니다. 그렇게 얻은 엄마의 젖가슴이나 젖병은 허기를 채워주기도 하지만, 달라고 한 것을 얻은 데 대한 만족으로 젖가슴을 세게 빨면서 그 자극을 통해 빠는 즐거움이 만들어집니다. 그렇기 때문에 인간의 아이에게는 단순히 젖이 아니라 젖가슴이 중요합니다.

이제 아이는 점차 그 즐거움을 세상의 다른 모든 것들을 가지고 시험해봅니다. 뭔가를 보면 입으로 가져가서 빨아봅니다. 사실은 빠는 게 좋아서 하는 행동이지만, 즐거움 말고도 부가적인 결과가 따라옵니다. 덤으로 세상을 배우게 되는 것이죠. 무언가를 빨면 쓴 것, 차가운 것, 부드러운 것, 딱딱한 것, 날카로운 것 등이 구분됩니다. 또한 그걸 보고 엄마가 허락을 하거나 금지를 하고, 여러 가지 설명도 해줍니다.

똥을 싸는 것은 배설물을 배출함으로써 생기는 생리적 차원의 즐거움이기도 하지만, 엄마가 부여하는 의미로 인해 또 다른 종류의 즐거움을 가져옵니다. 엄마는 항상 아이의 똥에 관심을 가지고 설명을 답니다. "아이쿠, 잘 쌌네", "오늘은 왜 안 싸지?" 등의 반응을 보이면서 기다려주거나, 기뻐해주거나, 걱정해줍니다. 그리고 무엇보다 그것을 가져갑니다. 여기서 아이가 기저귀를 찬다는 사실이 매우 의미심장합니다. 기저귀를 차는 한, 아이의 배설물은 언제나 엄마의 손으로 가기 때문입니다. 어른들에게는 그저 배설물일 뿐이지만, 아이에게 똥은 자기 몸에서 나오는데 엄마에게 의미를 주는 희한한 것입니다. 아이는 자기가 만들어낸 똥을 둘러싼 엄마의 다양한 반응이 재미있고, 엄마에게 무언가를 줄 수 있다는 것에 뿌듯함을 느낍니다. 자신의 것을 배출하는 항문이라는 몸의 기관에서 발생하는 즐거움은, 엄마가 달라고 하고 아이가 주는 관계 속에서 완성됩니다.

아이가 '똥을 싸는' 것에서 얻은 즐거움이 던지고, 떨어뜨리고, 부수는 행동으로 옮겨갈 수 있는 것은 이런 맥락 속에서입니다. 어린아이는 물건들을 바닥에 어지럽히고 치우지 않으려고 합니다. 자신의 손에 들어온 것을 던지거나 버리는 것도 좋아합니다. 어떤 때는 정말 얄미울 정도로 버리기를 반복해서 엄마를 골탕 먹이려는가 싶기도 하죠. 입에 물었던 노리개 젖꼭지를 떨어뜨리거나 던져버리고, 쥐고 있던 장난감도 팽개치곤 합니다. 자기가 던지고, 버리고, 어지럽히면 엄마가 와서 가져갑니다. 배설의 즐거움과 같은 논리죠. 아이가 뭔가를 주고 엄마가 뭔가를 얻습니다. 이는 아이에게 엄마와 함께 누리는 즐거움이기도 하고, 자신의 힘을 과시하는 일이기도 합니다. 그리고 여기서도 부가적인 결과가 생깁니다. 던지고 어지럽히면서 던지면 깨지는 것, 튀어오르는 것, 요란한 소리가 나는 것 등을 알게 되는 것이죠.

빠는 것, 싸는 것과 마찬가지로 보는 것과 듣는 것도 가장 먼저 발달하는 몸의 기관과 관련 있는 동시에, 세상을 받아들이는 기능을 하고, 무엇보다 엄마와 관계가 있습니다.

시력이 발달하면서 아이가 보는 것 중 가장 의미 있는 것은 바로 엄마의 눈입니다. 정확히는 자신을 보고 있는 엄마죠. 엄마는 아이를 바라보는 동시에 세상을 보는 아이를 바라봅니다. 요컨대 아이가 세상을 바라볼 때, 그 뒤에는 항상 엄마의 눈이 있다고 할 수 있습니다. 자신이 세상을 보는 장면을 엄마가 보는 것이죠. 그리고 그 순간 자신이 엄마에게 보이는 것, 엄마와 함께 보는 것에서 즐거움이 만들어집니다. 엄마의 눈이 없다면 아이에겐 모든 것이 시들해집니다.

엄마가 아이와 놀아주어야 하는 이유가 여기에 있습니다. 엄마의 시선 아래 있는 것이 아이가 즐길 수 있는 조건이 되기 때문입니다.

상담센터에서 제가 가장 많이 한 일 중 하나가 아이들이 노는 것을 '보는' 일이었습니다. 아직까지 자립적인 존재가 되지 못한 아이들은 동작 하나하나를 할 때마다 반복해서 이야기합니다. "이거 봐봐요." 공을 차는 것을 보고, 뛰는 것을 보고, 그림 그리는 것을 보고, 글씨 쓰는 것을 봐주어야 했습니다. 잠시도 놓치지 않고요. 저와 관계 맺은 아이들 모두의 눈 속에는 제 눈이 따라다녀야 했죠. 엄마가 옆에서 봐주면 꼭 같이 놀아주지 않아도 잘 노는 아이들을 흔히 볼 수 있습니다. 어린아이가 세상을 볼 수 있으려면 그 출발점에서 엄마가 아이를 봐주고, 아이와 함께 세상을 봐주어야 합니다. 그래야 아이가 보는 것을 즐기면서 세상을 보고 싶어 하게 됩니다.

듣는 것이 즐겁다면, 그것도 역시 엄마의 목소리로부터입니다. 엄마와 아이의 모든 접촉에는 엄마의 눈과 함께 목소리가 따라다닙니다. 엄마의 목소리는 의미의 전달 이외에도 다른 효과를 가져옵니다. 가장 큰 효과는 엄마가 옆에 있다는 사실을 알려주는 것이죠. 엄마의 시선 아래 있는 것과 마찬가지로, 엄마의 목소리 안에 있으면 아이는 안정감과 즐거움을 느낍니다. 엄마가 불러주는 자장가를 들으며 잠이 들고, 엄마가 책을 읽어주는 걸 좋아하는 것은 모두 엄마의 목소리가 즐거움을 주기 때문입니다.

생애 초기 아이에게는 빨고 싸고 보고 듣는 것이 신나고 즐거운 일이 됩니다. 거기엔 엄마와의 관계가 수반되어 있습니다. 엄마가 있어야만 즐거움이 생기죠. 그리고 그렇게 즐기면서 아이는 세상을 배워나갑니다. 어른들은 일정한 놀이를 통해 무언가를 가르치고자 하지만, 사실 아이는 이미 자신의 몸이 느끼는 즐거움을 통해 배우기 시작합니다. 어른보다 뇌가 덜 발달한 아이가 어떻게 그렇게 짧은 시간 동안 세상을 배울 수 있는지 그 해답이 일정 정도 여기에 있습니다. 온몸을 동원해서 느끼는 즐거움과 엄마의 사랑은 아이가 지칠 줄 모르고 배울 수 있는 비법이 됩니다. 아이가 말을 배우는 과정은 이를 분명하게 보여줍니다.

엄마의 말

어른이 된 후 외국어를 배우려면 시간과 노력이 보통 드는 게 아닙니다. 그런데 어른보다 똑똑하지도 않고 지식도 없는 아이가 심지어 뇌 발달이 다 이루어지지도 않은 미완성의 나이에 한 나라의 말을 한두 해 만에 유창하게 배울 수 있다는 건 정말 경이로운 일이 아닐 수 없습니다. 이 경이로움에 동원되는 것이 바로 몸의 즐거움과 엄마의 사랑입니다.

우리는 태어나서 제일 먼저 배우는 말을 모국어라고 합니다. 모국어는 말하자면 '엄마의 말'입니다. 프랑스어나 영어에서도 역시 '엄마의 말(langue maternelle, mother tongue)'이라고 부릅니다. 그런데 제가 중요하게 이야기하고 싶은 '엄마의 말'은 한국어, 프랑스어, 영어 등의 공식적인 언어라기보다는 좀 더 사적인 의미에서 엄마가 사용하는 말입니다.

지인이 아이가 말을 배우는 영상을 여럿 보내주었는데 그중에 흥미로운 것이 있었습니다. 이제 막 말을 배우기 시작해서 이것저것 물어보는 아이가 가지고 놀던 자동차를 차례대로 가리키면 엄마가 답을 해주는 영상이었습니다. 아이가 자동차를 가리킬 때마다 엄마는 "소방차", "경찰차"라고 대답해주었습니다. 그러다가 엄마가 "펭귄차"라고 하는 말이 들렸습니다. 펭귄차라는 단어는 없습니다. 자세히 보니 아이가 가리킨 작은 차 안에는 펭귄이 타고 있었습니다. 엄마는 달리 적당한 단어를 찾지 못하고 펭귄차라고 말했겠죠. 아이는 이제 그 차를 펭귄차라고 부릅니다. 엄마의 말이란 이런 것입니다. 내 엄마가 쓰는 말, 내 엄마가 만든 말, 내 엄마와 내가 같이 쓰는 말입니다. 학교나 학원에서 국어나 외국어를 배울 때와는 완전히 다른 모습입니다. 이때엔 책에 적혀 있거나 선생님이 설명해주는 대로 배웁니다. 거기엔 사적이고 은밀한 감정이나 이야기가 없습니다.

한편 아이가 맨 처음 말을 배울 때의 모습을 살펴보면 정말 조급하고 탐욕스러운 모습입니다. 하루 종일 쉬지 않고 물어보고 답을 듣기를 반복합니다. 침울하고 지루하게 말을 배우는 아이는 없습니다. 대부분 깔깔거리며 웃거나 분주하게 이리저리 움직이면서 말을 익힙니다. 지인이 보내준 영상에서도 아이와 엄마는 계속 웃고 있습니다. 아이가 자동차를 가리킬 때, 엄마가 이름을 말해줄 때, 엄마의 말을 따라 할 때. 자동차 이름을 말할 뿐인데 뭐가 그리 웃긴 걸까요?

아이가 엄마의 말을 그대로 따라 하는 장면은 엄마가 주는 음식을 받아먹는 모습을 떠올리게 합니다. "엄마 이거 줘, 저거 줘" 하면서 엄마가 떠먹여주는 밥을 먹듯이 아이는 엄마의 말을 맛있게 받아먹습니다. 엄마가 차려주는 밥상이 다른 밥상과 다르듯이 엄마가 주는 말도 다른 말과 다릅니다. 말이 엄마에게서 나와 아이와 함께 있는 순간을 통과

해 아이에게 갑니다. 엄마의 눈빛, 웃음, 목소리, 그 순간의 느낌까지 그 말 속에 담기죠. 아이는 그렇게 '내 엄마의 말'을 품습니다.

2차 세계대전을 겪은 아론 아펠펠트라는 작가는 히브리어로 작품을 씁니다. 하지만 엄마에게 배운 말은 독일어입니다. 세계사의 격랑 속에서 엄마를 잃고 엄마의 말 또한 잃은 작가는 말합니다. "엄마의 말을 잃은 사람은 인생의 불구자다. 엄마의 말은 하는 것이 아니라 그것 자체로 흐른다." 작가는 이후에 배운 히브리어에서는 자신이 엄마와 함께 익힌 독일어에서 느꼈던 것을 절대로 느낄 수 없었다고 이야기합니다.

아펠펠트는 자신이 간직한 엄마의 말들 중 'Erdbeeren(딸기)'이라는 독일어 단어를 통해 이것을 잘 보여주고 있습니다. 가족들과 함께 먹은 그렇게나 맛있었던 'Erdbeeren', 작가는 그 단어를 발음할 때마다 엄마가 생각나고 딸기를 먹었던 때의 기분이 고스란히 느껴진다고 합니다. 딸기와 같이 먹은 그때의 즐거운 분위기와 엄마의 목소리가 함께 소환되는 것이죠. 우리는 어른이 되어 인간관계도 넓어지고 지식도 쌓이면서 점점 중립적이고 정제된 말들을 쓰게 되지만, 가끔씩 무심결에 잊고 있던 어릴 적 말이 튀어나옵니다. 아펠펠트가 말했던 '엄마의 말이 흐르는' 것이겠죠.

배움의 시작점, 몸

앞서 보았던 노아는 자폐아입니다. 자폐증과 자폐아에 대한 임상은 그 자체로 정신병리학적인 중요성을 담고 있는 작업이기도 하지만, 또 다른 수준에서 우리에게 가르침을 줍니다. 아이들이 몸으로 즐거움을 느끼고, 그것을 통해 세상을 배우는 일이 단순히 생리적인 자극이나 지적인 능력만이 동원되는 일이 아님을 분명하게 보여주는 것입니다.

꼭 자폐아가 아니더라도 세상을 배우는 데 매우 이른 시기부터 어려움을 겪는 아이들이 있습니다. 생리적으로 기관의 기능에 문제가 있을 수도 있고, 지적인 능력이 다소 부족할 수도 있습니다. 어떤 경우든 이때 우리가 고려해야 하는 중요한 점은 아이가 자신의 몸에서 오는 즐거움, 소위 말하는 쾌락을 즐길 수 있게 되느냐, 그리고 그 즐거움이 엄마를 출발점으로 이후 만나는 다른 사람들, 내가 아닌 다른 세상과 연결될 수 있느냐입니다. 배움은 그러한 연결에서부터 출발하기 때문입니다.

생애 초기의 즐거움은 아이가 자라면서 분명 변화를 겪

겠지만, 우선은 그것이 시작되어야만 비로소 이후의 변화가 가능합니다. 모든 과정에는 순서가 있습니다. 그것을 모르는 사람은 없죠. 하지만 가끔 우리는 그것을 잊곤 합니다. 특히 육아에서 그렇습니다. 예를 들면 결국에는 말도 하고 글도 쓰게 될 것이기 때문에 글을 배우면서 말을 배워도 된다고 생각합니다. 하지만 그렇지 않습니다. 말을 먼저 배우고 글을 배우는 것과, 그 순서가 뒤집히는 것은 동일한 결과를 만들어내지 않습니다.

다시 본론으로 돌아가자면, 자폐아는 태어나면서 매우 이른 시기부터 존재의 불안에 압도되어 있습니다. 쉽게 말해 불안해서 죽을 것 같은 것이죠. 그래서 아직 세상과 아무런 관계도 맺지 못합니다. 그리고 그 세상에는 엄마도 포함됩니다. 아이에게는 모든 것이 위협이 될 수 있기 때문입니다.

자폐아가 보이는 증상들, 이를테면 빨 수 있지만 빨기 어렵고, 쌀 수 있지만 싸기 어렵고, 들을 수 있지만 듣기 어렵고, 볼 수 있지만 보기 어려운 소위 증상들 뒤에는 아이가 이 세상과 관계 맺는 것이 매우 어렵다는, 경우에 따라서는 아예 불가능하다는 배경이 있습니다.

자폐아가 겪는 그 모든 것들에는 엄마와 주고받는, 아이가 달라고 하고 엄마가 주는 작용들이 부재합니다. 엄마는 그런 일들을 하는 중일 수도 있지만, 아이 쪽에서 문을 잠그고 있기 때문에 일어나지 않는 것과 마찬가지입니다. 그렇기 때문에 엄마의 젖가슴은 자신이 달라고 한 것도 아니고, 엄마가 주는 것도 아닙니다. 젖을 빠는 것에 즐거움이 생기지 않고, 간신히 허기를 채우는 정도로만 젖을 먹게 됩니다. 빠는 즐거움이 없으니 다른 것들을 빨아볼 관심도 생기지 않고, 따라서 다른 물건들을 배우지 못하게 되는 것이죠. 똥도 자신이 만들어내고 엄마에게 주는 것이 아니라, 그저 자기 몸의 어떤 것이 빠져나가는 것입니다. 엄마가 가져가는 자신의 생산물, 선물이라는 의미가 부여되지 않은 상태입니다. 많은 경우 변비가 생기고, 특히 기저귀를 차고 있을 때는 몰랐던 문제들이 기저귀를 떼면서 두드러지게 됩니다. 배변 훈련 자체가 매우 어렵게 되는 것입니다. 변을 보는 일이 몸의 일부분이 버려지는 것을 확인하는 것처럼 느껴져 아이에게 불안을 유발합니다.

마찬가지로 엄마의 시선, 엄마의 목소리 모두 아이에게는 자신과 상관없는 것입니다. 아무 의미도 부여받지 못한 시선과 목소리는 아이의 몸을 자극하는 침입일 뿐이기에 아이 쪽에서 거부가 나타납니다. 우리는 자폐아가 시선을 피하고, 대답하지 않는다고 말합니다. 맞는 이야기입니다.

보지 못하는 것이 아니라 시선과 마주하는 것을 피하는 것이고, 듣지 못하는 것이 아니라 그것에 응답하지 않는 것입니다.

자폐아는 말하지 못한다고 생각하지만, 그건 틀린 생각입니다. 말하지 않는 경우도 있지만, 말을 엄청 많이 하는 경우도 많습니다. 하지만 자폐아에게는 '엄마의 말'이 부재합니다. 내 몸이 세상과 만나고 부딪히는 순간에 배우는 말이 엄마의 말입니다. 엄마를 통해 내 몸과 세상이 연결되는 것이죠. 간혹 지능이 뛰어난 자폐아의 경우, 일반인보다 언어에 특별한 재능을 보이는 일이 있습니다. 현란하고 막힘없는 언어를 구사하죠. 하지만 그 언어 어디에도 자신은 보이지 않습니다. 자신의 감정이나 생각을 표현하고, 다른 사람들의 반응을 알아보고 이해하는 과정이 누락되어 있습니다.

책을 꺼내 글자들을 보세요. 어디에 내 몸이 있나요? 언어에는 내 몸과 내 즐거움과 내 삶이 들어 있지 않습니다. 그런데도 우리는 언어, 즉 말과 글을 통해 나를 표현하고, 생각하고, 즐깁니다. 엄마와 함께 몸으로 배우면서 나를 언어와 연결시키는 과정이 있었기에, 이후 언어를 통한 모든 작업을 할 수 있게 된 것입니다.

아이의 성장과 배움에서 가장 중요한 것, 그 시작점은 바로 아이 자신의 몸입니다. 엄마와의 관계가 형성되지 못해 자신의 몸에 불안을 느끼는 노아가 우리에게 보여주고 있는 것이 바로 그것입니다. 아이는 엄마와의 관계 속에서라야 자신의 몸을 즐길 수 있고, 그 즐거움을 통해 세상을 감지할 수 있습니다. 엄마와 함께 빨고 싸고 보고 들으면서 세상과 반갑게 인사하는 것입니다. 그런데 아이가 성장하면서 변화가 생깁니다. 아이의 신체 발달이 엄마와의 관계를 변화시키고 이에 따라 아이가 즐기고 배우는 방식이 달라지는 것입니다.

상실, 배움의 전환점

·

아이가 성장하면서 엄마와의 관계 속에서 맨 처음 얻었던 즐거움들은 점차 다른 즐거움으로 대체되는데, 이는 엄마와의 분리를 동반하게 됩니다. 그 계기가 되는 것은 이유(離乳), 배변 훈련, 걸음마 등의 발달단계입니다.

변화는 가장 먼저 젖을 떼는 일에서 시작됩니다. 이유기죠. 이가 나기 시작하면 아이는 더 이상 젖을 빨 수 없습니다. 엄마의 젖가슴에 상처를 내기 때문이기도 하고, 무엇보다 이가 났다는 것은 이제 무언가를 씹어 먹을 준비가 되었다는 것이죠. 그런데 이때 엄마의 젖가슴은 아이가 먹을 수 있는 다른 음식, 소위 이유식에 온전히 자리를 내주는 것이 아닙니다. 엄마의 젖가슴은 이유식과 노리개 젖꼭지로 대체됩니다. 즉, 먹는 즐거움과 빠는 즐거움이 나뉘는 것입니다.

엄마의 젖가슴을 빨면서 배고픔을 채우는 동시에 빠는 즐거움을 느꼈던 아이는 이제 젖을 떼면서 더 이상 두 즐거움을 한꺼번에 느낄 수 없게 됩니다. 이유식으로 배고픔을 채우고 노리개 젖꼭지 혹은 손가락을 빨면서 빠는 즐거움을 느껴야 합니다. 그리고 이유식과 노리개 젖꼭지는 모두 이전의 만족을 충족시켜주지 못합니다.

이것이 이유기에서 일어나는 가장 중요한 변화입니다. 아이는 만족을 주던 대상을 잃어버리게 됩니다. 엄마가 갖고 있던, 먹기 좋고 빨기 좋던 것, 즉 젖가슴을 잃는 것이죠. 그런데 간과하지 말아야 할 것은 그 젖가슴을 아이만이 아니라 엄마도 같이 잃어야 한다는 것입니다. 이유기를 거친 엄마에게서는 이제 젖이 나오지 않습니다. 엄마의 가슴은 더 이상 아이에게 물리던 젖가슴이 아니라, 이전의 여자의 가슴으로 돌아가야 합니다. 그렇게 젖가슴이 상실된 자리에서 엄마와 아이 사이의 틈이 만들어집니다.

한편 아이가 배변 훈련을 통해 혼자 변을 보게 되면, 아이 입장에서는 엄마와 자신을 연결해주던 일종의 의식을 잃게 됩니다. 자신의 몸에서 생겨난 것을 엄마에게 주면서 힘과 능력을 경험하는 절차가 사라지는 것이죠. 배변 훈련은 아이가 엄마와 자신을 이어주던 똥과 이별하는 훈련입니다. 단순히 근육 발달이나 인지 능력과 관련된 것만이 아니라는 뜻입니다. 내가 주고 엄마가 받던 똥이 이제 혼자 누고 다른 곳에 버려지면서 아이와 엄마 사이도 벌어지게 됩니다. 다른 것들은 정상적으로 해내면서 특히 배변 훈련을 거부하거나 실수하는 아이, 심한 변비 증상을 보이는 아이는 생리적 발달의 측면에 문제가 있다기보다, 즐거움을 주던 또 하나의 대상을 잃지 않으려는 고집일 수 있습니다. 엄마에게서 젖을 찾지 못하고 엄마에게 똥을 주지 못하면서 아이는 엄마와의 거리를 느끼고, 만족의 상실을 겪어야 합니다. 아이는 슬퍼하고, 칭얼거리고, 짜증내고, 불안해하겠지만 모두 아이의 성장을 위한 정상적인 과정입니다.

엄마의 눈과 목소리가 주던 즐거움이 상실되는 과정도 마찬가지입니다. 기고, 걷고, 뛰는 능력이 생기면서 아이는 사방으로 움직입니다. 그동안의 무능력과 무기력을 보상받기라도 하듯이 쉴 새 없이 움직이죠. 그렇게 혼자 움직이다 보면 아이는 엄마의 눈과 목소리가 미치지 않는 곳에 닿게 됩니다. 아무리 주의를 기울여도 아이는 엄마의 손을 벗어나게 되어 있습니다. 위험이 없다는 조건 하에서라면 아이에게 매우 필요한 일입니다. 엄마의 울타리를 벗어나서 혼자 있는 공간을 경험하는 것이기 때문입니다. 이제 아이는 엄마의 눈과 목소리 밖에서 자신의 눈으로 보고, 엄마의 목소리가 아닌 다른 것들의 소리를 듣게 됩니다.

젖가슴, 똥, 시선, 목소리는 아이와 엄마를 이어주는 동시에 아이가 즐거움을 느낄 수 있게 해준다고 했는데, 젖을 떼고, 배변 훈련을 하고, 혼자서 뛰어다니면서 아이는 이런 것들을 점차 잃어버리게 되고, 엄마와도 거리를 갖게 됩니다. 처음에는 힘들어도 결국 대부분의 아이들은 이런 상실을 잘 이겨냅니다. 중요하고 좋은 것을 잃어버려도 견뎌낼 수 있는 어떤 비법이 있는 것일까요? 네, 있습니다. 자신이 겪는 상실을 보상받는다는 것이죠. 그리고 그 상실을 보상하는 방법이 아이를 성장하게 하고, 인간을 인간이게 하는 문화를 만들어냅니다.

아이의 성장은 무언가를 잃으면서 가능해집니다. 상실로 인해 채워지지 않는 부분이 생기고, 그것을 해결하는 과정을 통해 성장하는 것이죠. 그 과정은 엄마에게서 분리되어 자립할 수 있는 나를 만드는 일과 맞닿아 있습니다.

엄마가 없는 곳에서 나를 만드는 일

엄마와 함께 느끼던 즐거움을 잃고, 그와 함께 엄마와의 관계가 멀어지는 것에 대한 일차적인 보상은 바로 '나'의 출현입니다. 엄마가 없는 곳에 '자신'이 나타나는 것이죠. 엄마가 없는 곳에서도 보고 듣고 말할 수 있는 능력을 경험하는 아이는 무언가를 스스로 할 수 있는 데서 오는 즐거움을 느끼게 됩니다. 엄마의 부드러운 눈빛, 사랑스러운 목소리가 없어도 아이가 불안하지 않을 수 있는 건, 그것들 대신 '내 것'이 있기 때문입니다. 내 눈, 내 귀, 내 입이 그동안 엄마가 해주던 것들을 해내기 시작합니다. 그렇게 내가 보고, 내가 듣고, 내가 말하면서부터 엄마에게 속하지 않은 '나'가 생겨납니다. 그리고 이제 '내'가 엄마의 빈자리를 견디게 됩니다.

엄마의 울타리를 벗어나는 일은 아이가 성장하면서 점점 더 중요해집니다. 그런 면에서 요즘 아이들이 부모의 시야, 부모의 목소리에서 벗어나지 못하는 시간이 점점 더 늘어나는 것은 안타까운 일 중 하나입니다. 나의 눈, 나의 귀로 경험하는 일이 축소된다는 것은 '나'를 만들어낼 기회가 적어진다는 의미이기 때문입니다.

젖을 떼고 밥을 먹기 시작하는 것도 마찬가지입니다. 아이가 엄마의 젖가슴에서 만끽했던 즐거움을 내놓는 건 자신이 더 이상 엄마 품속의 아기로서가 아니라 다른 가족들처럼 어엿한 한 사람으로서 대접받으면서부터입니다. '내 자리도 있네', '엄마랑 나란히 앉아서 먹잖아', '아빠가 먹는 걸 나도 먹는다.' 아이는 이를 통해 스스로 무언가를 할 수 있다는 자부심을 느끼게 됩니다.

　이때 중요한 것은 아이가 어른들이 따르는 식사예절을 따르는 것입니다. 아이가 젖가슴이 주는 즐거움을 포기했다면 그 대신 자신이 성장했다는 것을 확인할 수 있어야 하겠죠. 아이가 다른 사람들처럼 제대로 된 식사예절을 따라 밥을 먹어야 하는 이유입니다. 그래야만 즐거움을 잃은 자리에 자부심이 자리 잡을 수 있습니다. 음식을 주는 사람이나 아이가 편한 게 좋다는 마음으로, 아무 데서나 아무렇게나 먹을 수 있게 한다면 아이에게는 젖가슴을 빨던 때처럼 아무데서나 계속 빨면서 즐기지 못할 이유가 없는 것이죠.

　배변 훈련도 마찬가지입니다. 화장실에 들어가서 문을 닫는 것에서부터 청결하게 뒷마무리를 하는 것까지 아이가 규칙과 순서에 맞게 그것을 해내는 일은 자신이 더 이상 기저귀를 차고 다니는 아기가 아님을 보여주는 일입니다. 요컨대 아이의 이유식, 배변 훈련 등에서 아이가 성장하고 있다는 자의식을 갖는 데 중심을 두어야 아이가 그 과정을 잘 통과할 수 있습니다.

새로운 즐거움이 찾아온다

—

그런데 사실 이러한 논리 속에서 모든 것이 해결되는 건 아닙니다. 즐거움의 소중한 원천들을 잃은 것이 '나도 이제 다 컸어'라는 생각 하나로 모두 극복될 수는 없습니다. 자신의 능력을 보여주고 인정받는 것 외에 즐거움의 차원에서도 보상이 주어져야 합니다. 포기한 것을 대신해서 무언가 다른 즐거움을 얻을 수 있어야 하죠. 단, 이전의 즐거움을 대체하는 새로운 즐거움은 잃어버린 하나를 대신하여 무수히 많은 즐거움들로 나뉘어 나타나고, 무엇보다 이전과는 다른 수준의 즐거움입니다.

예를 들어 엄마의 젖을 떼면서 아이는 먹는 것과 빠는 것, 양쪽에 걸쳐져 있는 즐거움을 상실합니다. 이때 엄마의 젖가슴을 상실한 데 대한 보상은 '맛'으로 주어집니다. 그런데 하나의 맛이 아니라 무수히 많은 맛이죠. '맛'은 먹는 행위 속에서 즐거움을 느끼게 해줍니다. 생물은 모두 자신에게 필요한 것, 즉 생명 유지에 필요한 것만을 먹지만 인간은 예외입니다. 필요하지 않은 것, 자신에게 맞지 않는 것도 먹는 것이 인간입니다. 맛있는 것을 먹으려고 하기 때문입니다.

아이가 빨던 엄마의 젖에는 특별히 즐거움을 유발할 만한 맛이 담겨 있지 않습니다. 즐거움은 젖가슴을 빠는 것, 그리고 엄마가 나의 부름에 응답해주는 데서 나온 것이죠. 젖을 먹으면서 함께 느끼던 빠는 즐거움과 엄마의 사랑이 빠져나간 자리에 이제 맛이라는 것이 옵니다. 먹는 행위에 다른 종류의 즐거움, 즉 맛이 얹어집니다. 엄마 젖을 뗀 아이는 다양한 음식들을 맛보면서 먹는 것이 주는 또 다른 즐거움을 받아들이게 됩니다. 좋아하는 음식이 생기고, 그것을 먹고 싶어 하고, 먹고 나면 기분 좋아지는 건 이제 아이의 입이 다른 방식으로 즐길 수 있게 되었음을 알려줍니다.

반면 맛에는 전혀 관심이 없고, 단순히 배가 고플 때만 극단적인 편식 형태로 밥을 먹는 아이들 중에는 엄마 젖을 떼는 데, 즉 엄마와 분리되는 데 괴로움을 겪고 있는 경우가 있습니다. 그냥 편식이 아니라 극단적인 편식입니다. 단순히 어떤 것을 빼고 먹는 게 아니라, 전체 음식물 중에서 한두 가지로 제한되는 극히 일부의 것만 먹는 경우를 말합니다. 이러한 편식은 음식에서 맛의 차원을 배제하는 것입니다.

제 프랑스 지인 부부는 2년이 안 되는 터울로 두 명의 아들이 있습니다. 큰아이가 초등학교 6학년, 작은아이가 4학년입니다. 큰아이는 아주 많이 마른 체형입니다. 우리가 소위 '뼈밖에 없다'고 할 때의 그런 체형에 가깝습니다. 그도 그럴 것이 이 아이는 먹는 것이 거의 없습니다. 양의 문제도 있지만 먹는 음식의 종류가 극히 제한적입니다. 양념이 안 된 닭고기와 파스타 면, 감자튀김 정도가 전부라고 할 수 있습니다. 프랑스는 휴가가 긴 나라죠. 덕분에 이 가족은 해마다 세계 곳곳을 여행합니다. 한국에도 온 적이 있었는데, 큰아이는 처음 보는 한국 음식에 아무런 관심을 보이지 않고 맛을 보는 일도 없었습니다. 동생은 그와는 다른 모습이었습니다. 부모와 함께 이것저것 먹어보고 궁금한 것을 물어보고, 입맛에 맞는 음식이 있으면 잘 먹었습니다. 부모님이 설명하기를, 큰아이는 동생이 태어나고 나면서 극단적인 형태의 편식과 소식이 시작되었다고 합니다. "엄마는 다비드를 너무 일찍 낳았어." 큰아이가 했던 말이랍니다. 아이는 자기도 모르는 사이에 동생에게 뺏긴 엄마의 젖가슴을 대신하여 주어지는 대체물들, 그러니까 자기 입에 즐거움을 줄 것들을 받아들이지 못한 것이죠. 자신은 이미 잃은 엄마의 젖가슴을 다른 아이가 차지하는 모습을 보는 건 고통스러운 일이었을 겁니다. 그로부터 시간이 많이 흘렀지만 음식이 주는 즐거움에 대한 거부는 그대로 남아 있습니다. 이 아이에게 음식은 여전히 최소한의 허기를 채우는 것일 뿐이죠.

이와는 정반대로 맛에 너무 심하게 집착하는 경우도 사실은 같은 맥락에 있다고 볼 수 있습니다. 맛있는 음식을 과도하게 섭취하는 것인데 이는 이유기에 자기 손가락을 심하게 빠는 것과 같은 경우라고 할 수 있습니다. 아이는 젖을 떼고도 꽤 오랫동안 노리개 젖꼭지를 빠는데, 심한 경우 자기 손가락을 심하게 빠는 행동이 계속되기도 합니다. 단순히 너무 많이 빠는 행동으로 그치지 않고, 손가락이 짓무르도록 빱니다. 젖가슴의 대체물인 손가락으로는 만족이 안 되는 것입니다. 맛에 집착하는 경우도 마찬가지입니다. 만족이 되지 않기 때문에 입에서 느끼는 즐거움을 어느 선에서 그치는 것이 아니라 끝장을 보겠다는 것이죠.

엄마 젖가슴을 빠는 즐거움과 맛을 보는 즐거움은 같은 수준의 즐거움이 아닙니다. 맛은 일정한 절차를 거쳐 얻게 된 결과이며, 무엇보다 입에서 느끼는 것이지만 사고가 동반됩니다. 어떤 맛을 느끼려면 다른 맛과의 차이 또한 알아야 하니까요. 반면 엄마 젖가슴을 빠는 건 순전히 입이라는 하나의 기관에 할당된 일입니다. 즉, 사고 활동이 들어갈 여지가 없습니다. 이때 아이는 엄마 품속에 자신을 맡기고 젖가슴을 빠는 것에만 몰두합니다. 손가락을 빨거나 맛에 집착하는 경우는 젖가슴이 손가락이나 음식으로 대체되었을 뿐 같은 수준에서 즐거움을 얻고 있다고 할 수 있습니다. 그리고 이런 경우 모두 '내가' 그것을 즐긴다고 말할 수 없습니다. 즐거움을 음미한다기보다 오히려 즐거움에 삼켜진 경우라고 할 수 있죠. 다른 즐거움들도 마찬가지입니다. 아이가 즐거움을 누리는 것 같지만, 아이는 엄마와의 관계에 종속되어 있을 뿐이고, 모든 것이 엄마의 눈, 엄마의 목소리, 엄마의 요구 안에서 이루어지는 것이죠.

아이의 성장에 있어서 전환은 유아기의 즐거움들이 상실된 후에 일어납니다. 이때 상실된 즐거움을 보상해줄 만한 새로운 즐거움이 주어지는데, 그것은 외부에서 주어지기도 하고 아이 스스로 만들어내기도 합니다.

아이가 엄마의 눈과 목소리에서 벗어나면 모든 것이 엄마의 뜻 안에서 체험되던 세상이 멈추고 비로소 스스로의 눈과 귀가 작동하게 됩니다. 이제 내가 보는 것과 듣는 것을 즐겨야 합니다. 드디어 자기 몸이 수행하는 기능들을 자기 자신의 쾌락으로 즐길 수 있게 되는 것이죠. 부모와 함께 보고, 부모의 목소리로 들리던 것이 아닌 다른 것들에 관심이 생기고 그것들을 자기가 체험할 수 있다는 사실에서 새로운 즐거움을 얻습니다. 한동안 아이는 자신이 본 것과 들은 것에 대해 들떠서 이야기할 겁니다. 특별히 아름다운 형태가 아니더라도 아이에게 그러한 체험은 이전까지와는 다른 형태의 즐거움을 선사해주기 때문입니다.

'나'로서 즐기는 배움의 조건, 규칙과 관심

•

무언가를 즐길 때 그것이 진짜 즐거우려면 조건이 있습니다. 무엇보다 '내가' 즐겨야 한다는 것입니다. 당연한 말 같지만, 어른이 된 우리도 자칫하면 '내가' 즐기지 못하는 경우들이 있습니다. 내가 즐기는 것이 아니라 그것이 나를 잡아먹는 경우죠. 자신이 몰두한 것 같지만 사실은 자신의 의지가 전혀 작동할 수 없는 상황입니다. 유해하다고 여겨지는 쾌락의 수단들에 대해 '건강'이나 '안전', 혹은 '선'의 논리를 앞세워 설득하는 메시지가 별로 효과를 발휘하지 못하는 이유가 여기에 있습니다. 이미 쾌락에 삼켜진 상태이기 때문에 이성적인 논리로 설득하기 어려운 것이죠. 사람이라면 누구나 자기 몸을 위하고 건강을 유지하려 하는 게 당연하다고 여겨지지만, 이런 경우엔 그런 논리가 아무 소용 없습니다. 그것이 나를 해친다는 것을 모르지 않지만, 그것을 통해 '얻어야 하는' 쾌락을 포기할 수 없기 때문입니다.

아이에게 때 이른 영상 시청이 유해하다는 것도 이와 같은 맥락 속에 있습니다. 영상의 내용이 폭력적이거나 선정적이어서만 문제가 되는 것이 아닙니다. 아이가 이해할 수도 없는 영상을 눈이 빠지게 보고 있는 경우가 있습니다. 그런 아이를 보고 흔히 "그러다가 화면 안으로 들어가겠다"라고 말하는데, 사실 아이는 이미 화면 안으로 들어가 있다고 봐야 합니다. 아이가 자신의 눈으로 영상을 본다기보다 영상 속에 빨려 들어간 형국이니까요. 영상 속의 이미지가 아이 눈 속으로 쏟아져 들어와 아이를 압도해버립니다. '내가' 보는 것을 즐긴다고 말할 수 없죠. 오히려 영상 속 이미지들이 아이를 갖고 노는 것입니다.

아이는 즐거움의 노예가 되지 않고, 그 즐거움을 다스릴 줄 알아야 합니다. 이는 곧 유아기 때 엄마에게서 느꼈던 원초적인 즐거움을 포기해야 한다는 것을 의미합니다. 그 시절의 즐거움이란 사고나 감정 등과 연계된 것이 아니라, 몸에 직접적으로 자극을 받는 즐거움입니다. 그런 즐거움에 계속해서 빠져 있으면 아이에게 성장의 기회는 오지 않습니다.

이런 맥락에서 아이가 엄마 품을 떠나 또 다른 즐거움을 만들어낼 때 가장 중요한 점은 바로 '내가' 즐겨야 한다는 사실입니다. '내가' 즐기는 것이라야 진짜로 즐거운 체험이 되고, 무엇보다 그래야만 아이가 성장에 필요한 배움의 길로 들어설 수 있습니다. 그렇다면 그렇게 '나'로서 무언가를 즐기게 해주는 조건들은 무엇일까요?

규칙이 있는 매개물

'나'로서 즐기는 데 필요한 첫 번째 조건은 매개물입니다. 아이가 점점 스스로 즐기게 되는 놀이, 음악, 운동, 이야기 등에는 날것 그대로의 즐거움이 무언가 단계를 하나 더 거친다는 공통점이 있습니다. 세상과 대면해서 얻는 즐거움이 직접적인 자극으로 전달되면 아이들은 충격을 받게 됩니다. 따라서 이런 충격을 감싸주어야 하는데, 이를 포장을 하거나 그릇에 담는 것에 비유할 수 있습니다. 매개물을 통해 한 꺼풀 감싸주는 것이죠. 직접적이고 노골적인 접촉으로 몸의 즐거움을 끌어내는 것이 아니라 요리법, 선율, 언어, 장난감 등 다양한 매개물들을 통해서 우회적인 방식으로 즐거움을 끌어내는 것입니다. 따라서 매개물을 통한 우회적인 방식의 즐거움은 단순히 몸의 감각에 맡겨둔다고 해서 만들어지지는 않습니다. 매개물에 대한 이해와 숙지, 혹은 다른 것들과의 관계 파악이 요구되기도 하고, 그에 따른 적절한 행동을 필요로 하기도 합니다. 한마디로 정신이 깨어 있는 '나'의 참여를 전제로 하는 것이죠. 잘 알고 있는 표현들처럼 즐거움에 '빠지거나' 즐거움에 '취하는' 것이 아닙니다.

이렇게 매개물 역할을 하는 모든 것에는 일정한 규칙이 있습니다. 어른이 보기에 아무리 유치하다고 해도 이러한 규칙은 스스로 몸을 통제할 수 있게 해주는, 놀이에 삼켜지는 것이 아니라 자신이 놀이를 즐길 수 있도록 해주는 보루가 되어줍니다. 규칙을 지키고 있는 한, 아이는 적어도 몸의 직접적인 즐거움만을 목표로 삼아 그것의 먹이가 되지 않습니다.

우리가 아이들의 세계에 대해 오해하고 있는 점 중 하나는 아이들이 규칙을 싫어한다는 생각입니다. 사실은 반대입니다. 오히려 즐기기까지 하죠. 아이들이 규칙을 즐기는 일차적인 이유는 모두가 그 규칙을 지키기 때문입니다. 특별한 경우가 아니라면, 우리는 보통 다른 사람들이 하는 것을 하고 싶어 합니다.

그리고 무엇보다 아이들에게 규칙이 매력적인 것은 규칙이 말 그대로 진짜 '놀이'를 만들어주기 때문입니다. 소꿉놀이, 병원놀이, 기차놀이 등 어떤 놀이를 하든 아이들은 규칙을 따르거나 규칙을 만들어내게 되어 있습니다. 아이들과 놀아보면 금방 알 수 있습니다. 하다못해 그냥 뛰어다니더라도 여기저기 아무렇게나 뛰어다니는 것을 재미있어하는 아이는 없습니다. 원을 그리며 돌거나, 목표점을 정해서 왔다 갔다 하거나, 다른 사람과 마주 보며 엇갈리거나, 한 명이 다른 한 명을 쫓거나 하는 등의 규칙이나 패턴을 만들어 재미를 붙입니다.

아이들에게 처음 제시되는 규칙은 리듬과 반복의 형태를 띱니다. 가장 단순하지만 기본이 되고, 다른 요인들에 의해서 흔들리지 않는 결정적이고 확실한 규칙입니다. 그리고 그러한 리듬과 반복은 바로 차이에서 생깁니다. 손을 올렸다가 내렸다가, 앉았다가 일어섰다가, 다리를 들었다가 놓았다가를 반복하기만 해도 리듬이 생기고 아이들은 흥미를 보입니다. 단어를 알려줄 때도 마찬가지입니다. 하나씩 알려주는 것보다 여러 가지를 묶어서 알려줄 때 아이들은 더 빨리 배웁니다. "머리, 어깨, 무릎, 발, 무릎, 발", "기차는 빨라 빠르면 비행기, 비행기는 높아 높으면 백두산." 어렸을 때 우리가 괜히 이 말들을 입에 붙이고 살았던 게 아닙니다.

하나의 규칙을 익히고 반복하다 보면 아이들은 약간의 첨가나 변형을 통해 규칙을 발전시킵니다. 가령 둘이서 공을 주고받는 것도 재미있지만, 등 뒤에 골대를 그려 그 안에 공을 넣으면 점수를 따고 상대방은 막아야 한다고 하면 놀이는 단번에 더 재미있어집니다. 종이를 가져와 서로의 점수를 적고, 점수를 잃은 사람은 벌칙으로 아는 동물 이름을 하나씩 말하기로 하면, 아이는 공도 열심히 차고 단어도 열심히 생각하게 되겠죠.

이처럼 규칙의 변주를 따라 점점 더 진보된 매개물에 접근이 가능해집니다. 아이들은 리듬과 반복, 차이를 비법 삼아 '배움'의 세계로 들어갑니다. 이때 먼저 익힌 것과 다음에 익히는 것의 규칙의 차이가 서로를 연결해주는 실마리가 됩니다. 처음 것과 다음 것의 규칙의 차이를 알게 된 후, 다음 것이 가진 새로운 규칙을 받아들이고, 그것이 더 큰 수준의 규칙으로 통합되기도 합니다. 여기서 주목해야 할 것은 어떤 규칙이든 그 안에서 모든 것이 서로 잘 연결되어 있다는 점입니다. 규칙이란 결국 요소들을 하나의 법 아래에 묶는 것이니, 규칙의 관건은 서로 간의 연결입니다.

고래가 없으니 고래 생각이 난다

규칙이 있는 매개물과 더불어 내가 즐기는 조건이 되는 또 하나는 바로 관심입니다. 관심은 얼핏 그저 감정적인 수준에 속하는 것으로 여겨지지만, 우리가 무언가를 떠올리고 생각하게 하는 기폭제가 되어줍니다.

다섯 살 희준이는 해양 동물들을 좋아합니다. 희준이와 해양 동물 모형을 가지고 놀면서 제일 먼저 고래 이름을 알려주었습니다. 꽤 많은 반복 후에 희준이가 따라 말합니다. "이건 고래야." 그러던 어느 날 희준이가 물개를 보면서 "이건 고래가 아니야"라고 했습니다. "아, 이건 고래가 아니구나." 기특한 마음에 다시 한 번 강조를 해주면서 덧붙여 말했습니다. "이건 물개야."

희준이는 물개를 가리키면서 "이건 뭐야?"라고 묻지 않고 "이건 고래가 아니야"라고 말했습니다. 이 두 문장은 다른 차원에 속합니다. 아이들은 보고, 빨고, 만지고, 던지는 등 몸으로 직접 체험하는 수준에서 부딪히는 것들에 대해서는

"이건 뭐야?"라고 묻습니다. 지인이 보내준 영상 속의 아이가 자동차들을 보면서 외치던 것과 같은 모양새죠. 반면 "이건 고래가 아니야"는 고래가 눈앞에 없는데도 기억하고 불러내는 것입니다. 말이 현실의 대상을 대체한 것이죠. 물개를 보면서 고래를 생각했고, 눈앞에 없는 고래를 '고래'라는 단어로 소환했으니까요. 고래가 말로 살아났습니다. 이른바 지적인 활동인 것입니다.

희준이는 언어 습득이 더딘 아이입니다. 사물을 보고 이름을 말하는 일도 좀처럼 없었습니다. 그런 희준이가 맨 처음 고래와 인사를 하고, 고래를 불렀습니다. 그리고 한 걸음 더 나아가 눈앞에 없는 고래를 말로 불러내어 눈앞에 있는 물개와 다르다는 것을 확인합니다. 고래가 없이도 고래를 떠올리고 고래에 대해 이야기할 수 있다는 뜻입니다. 이후 희준이가 훨씬 더 수월하게 말을 배운 것은 당연한 수순이라고 할 수 있습니다.

간혹 아이가 "이거 아니야", "이것도 아니야" 하면서 계속해서 없는 것을 찾는 건 단순히 떼를 쓰는 행동이 아니라 눈앞에 없는 다른 것을 생각하고 있다는 증거입니다. 아이의 머릿속에서 사고 활동이 일어나고 있는 것이죠. 사고 활동은 배움의 범위를 확장하는 데 있어서 가장 중요한 요소입니다. 따라서 아이들이 부정형 표현을 쓰면서 자리에 없는 것을 찾는 것은 이전보다 성장한 자신의 모습을 확인하는 일에 속합니다. 아이가 성격이 까탈스럽거나 버릇이 없어서라고 쉽게 단언할 문제가 아니라는 말입니다.

그렇다면 희준이가 물개를 보면서 "이건 고래가 아니야"라며 고래를 떠올린 이유는 무엇일까요? 네, 바로 희준이가 고래에 관심이 있기 때문입니다. 고래가 없으니 고래 생각이 난 겁니다. 그것이 여기 없다는 것을 알아차리고, 여기 없음에도 불구하고 그것을 생각한다는 건 그것에 관심이 가 있다는 말이죠.

만나면 즐겁고 유쾌한 사람이 있습니다. 하지만 만나지 않을 때 생각나지 않는다면 그 사람은 나와 상관없는 사람입니다. 없을 때 생각나는 사람이 나와 관계된 사람입니다. 내 마음이 가 있는 사람이죠.

이 대목에서 한 가지 사실에 주목해야 합니다. 물질적인 현실을 추상적인 생각으로 바꾸는 것, 다시 말해 사고 활동에는 단순히 지능만 동원되지 않는다는 사실입니다. 소위 말하는 아이큐의 문제를 넘어서는 지점이 있다는 것인데, 그것은 바로 관심입니다. 마음이 가야 한다는 것이죠. 마음이 가야 그것에 대해 사고할 수 있습니다.

아이의 관심이 우선적으로 향하는 것들은 엄마와 함께 직접 만나고 즐긴 세상이겠죠. 아이는 좋았던 그것들을 생각하고 기억합니다. 그렇게 최초의 배움이 시작되죠. 그리고 이후의 경험이나 배움이 아이 머릿속에 남아 있는 그 좋은 기억들과 연결될 수 있다면 새로운 경험이나 배움은 좀 더 쉽게 적극적으로 받아들여질 수 있습니다. 새롭게 주어지는 즐거움은 아이가 마음에 품고 있는 최초의 즐거움을 참조하면서 발달합니다. 최초의 즐거움에 다시 이르고자 하는 바람은 새로운 즐거움을 계속해서 변주하고 발달시키는 동기가 됩니다. 우리가 즐거움을 누리는 방식에는 많은 경우, 최초에 만끽했을 거라 여겨지는 즐거움의 원형이 간직되어 있게 마련입니다.

　가령, 우리는 눈으로 사물을 파악하고 구분하는 일차적 행위 외에도 많은 것들을 즐깁니다. 그렇게 시각적인 즐거움에 도달하고자 하는 활동에는 맨 처음 경험한 것들에서 얻어낸 만족을 연상하고 되살려내려는 목적이 내재되어 있습니다. 좋은 것을 볼 때 누군가와 함께 보려고 하거나, 내가 본 것을 누군가에게 보여주고 싶거나, 내가 중요한 일을 할 때 누군가가 지켜봐줬으면 좋겠다는 마음은 매우 자연스럽게 여겨지지만, 거기엔 언제나 엄마의 시선 아래 있었던 어린 날의 기억이 관여하고 있습니다. 엄마와 처음 만난 세상이 그렇게 다른 세상과 연결됩니다. 이를 다른 말로 하면 즐기는 세상에서 사유하는 세상으로의 도약이라고 할 수 있습니다.

배움에 단절이 찾아올 때

—

배움에서 도약이 이루어질 때 그 과정이 순조롭게 이어지려면 이런 연결 관계가 잘 이루어져야 합니다. 쉽게 말해 단순한 것이 복잡해질 때 익숙한 것들 사이에 낯선 것이 들어오게 되는데, 그것들이 서로 연결되지 않는다면 좀 더 확장되고 심화된 형태로 나아가기 어렵습니다. 동일한 규칙의 연장선상에 있거나 관심의 이동이 가능하다면 서로 간의 연결 관계를 기반으로 지식 및 활동 범위가 넓어진다는 건 쉽게 이해가 가는 이야기입니다. 원래부터 연결되어 있거나 연결 고리를 쉽게 찾을 수 있다면 큰 어려움은 없습니다. 하지만 그렇지 않은 경우는 어떤 식으로 연결이 가능할까요?

예를 들면 하나의 영역에서 다른 영역으로 건너뛰어야 하는 경우가 있습니다. 그림을 그리다가 글씨를 쓰는 것, 말을 듣다가 책을 읽는 것. 매우 발달된 단계에서라면 영역들을 넘나드는 건 오히려 쉬울 수 있습니다. 철학 논문을 쓰는 사람이 미술이나 체육, 수학이나 의학 분야의 지식을 결합해 논문을 쓰는 건 불가능한 일이 아니고 심지어 흔하기까지 합니다. 이미 그 사람의 사고 안에서 연결 관계가 확립된 이후의 작업이기 때문입니다.

반면 운동장에서 뛰어 놀기 좋아하는 아이가 책을 읽고 과학 실험을 해야 할 때는 쉽지 않은 경우가 많습니다. 물론 아이가 여러 분야를 다 배워야 할 필요는 없지만, 오직 한 가지에만 몰두하면서 살 수는 없습니다. 자신이 열정을 바치는 것이 있다고 해도 다른 것들에 대해 문이 닫혀서는 곤란하죠. 과장해서 말하자면 뛰는 것을 좋아한다고 해서 오직 운동장만 뛰면서 살아갈 수는 없는 노릇이니까요.

배움의 단계에서 연결 고리를 찾을 수 없을 때, 이때가 바로 아이가 배움의 장에서 큰 변화를 맞게 되는 시기입니다. 이전의 태도나 방식들과 일종의 단절을 겪어야 하는 것입니다. 앞서 말한 원초적인 즐거움, 즉 엄마로부터 경험하는 몸의 즐거움을 만끽하다가 그런 즐거움에 제한이 가해지고 규칙의 부과와 사고의 작용으로 옮겨가는 것도 사실 큰 단절과 도약입니다. 하지만 그 시기는 엄밀히 말해서 완전한 단절은 아닙니다. 직접적으로 자극을 받는 즐거움은 아니더라도, 어쨌든 어떤 매개물들을 통해 우회적으로 즐거움을 얻을 수 있기 때문입니다. 아이들의 배움에 진짜 단절이 오게 되는 건, 흔히 말하는 '공부'가 시작되는 시기입니다. 이때 단절을 겪으면서 대부분의 아이들은 큰 곤란을 겪게 됩니다. 그렇다면 이 곤란을 헤쳐나갈 방법은 무엇일까요? 바로 이 지점에서 학교와 선생님이 소환됩니다. 아이들이 겪는 단절을 도약의 계기로 인도해줄 안내자의 역할로서입니다.

4부

학교,
성장은 상실을 동반한다

하지만 고양이에겐 특별한 이름이 하나 더 필요해요
독특하고도 품위 있는 이름
오직 한 마리 고양이에게만 속한 이름
말로는 표현이 안 되는,
겨우 간신히만 말할 수 있는
심오하고 불가해한 단 하나의 이름.
·
T. S. 엘리엇, 「고양이 이름 짓기」(1939)

아이에게는
애도의 시간이 필요하다

•

　아이가 성장하는 과정은 상실을 포함합니다. 중요한 것은 잃는 것이 선행되어야 무언가를 얻을 수 있다는 것입니다. 잃지 않으면 변화 자체가 일어나지 않습니다. 가득 차 있는 상태라면 다른 것을 얻을 수 있는 여지가 없겠죠. 결국 아이가 성장하면서 겪는 상실의 경험은 스스로의 부족함을, 완벽하지 않음을 인정하는 작업을 함께 요구합니다.

　몸의 즐거움을 잃고, 규칙의 반복이나 단어들의 관계를 즐기게 되는 것은 부족해진 부분을 다른 것으로 보상받고 채우는 일이라고 볼 수 있습니다. 이때 상실과 보상이 적절한 수준에서 이뤄진다면 아이에게 큰 어려움은 없을 것입니다. 그런데 어느 시점에 이르러 아이들에게 진짜 어려움이 닥치게 됩니다. 대량의 상실이 일어나고 힘겨운 애도의 시간을 줄줄이 견뎌내야 합니다. 조금씩 잃고 조금씩 채워가는 리듬이 보장되지 않고, 한꺼번에 잃고, 미처 채우기 전에 또 잃을 수 있는 처지에 놓입니다. 무슨 일일까요? 네, 바로 학교에 가게 된 것입니다.

잘하던 것을 못하게 되고, 못하는 것을 만나게 되고

—

학교에 가는 순간 아이는 먼저 자기 땅을 잃습니다. 학교는 더 이상 사적인 공간이 아닙니다. 자기 땅이 아니라 남의 땅에 있게 되는 거죠. 하고 싶은 대로 할 수 없고, 가지고 있고 싶은 것을 가지고 있을 수도 없습니다. 손에 쥐고 있던 장난감도 놓아야 하고, 눈이 가는 곳에서 고개도 돌려야 합니다. 좋아하는 것들을 접어두고 하라는 것을 해야 하죠. 물론 어린이집이나 유치원에서 비슷한 경험을 하기도 합니다. 하지만 학교에서는 더 본격적이고 엄정하게 이런 상황에 놓입니다.

아이들은 때로 자기 이름을 잃게 되기도 합니다. 어느 학교 학생, 어느 반 학생 등 공동의 이름 아래 자신의 이름이 가려지는 경우가 생깁니다. 익명의 순간들을 견뎌야 하죠. 이름도 불리지 않고, 봐주는 사람도 없고, 아무것도 하지 않으면서 다른 사람이 무언가를 하는 것을 보거나 들어야 하는 상황에도 처합니다. 그리고 다른 사람과의 관계 속에서 적합한 말과 행동을 해야 합니다. 상대방과 어떤 관계에 있느냐에 따라 나의 말과 행동이 달라져야 하죠. 학교라는 시스템 안에서는 각자에게 자리가 주어지는데, 사실 서로 간의 관계란 그 '자리들'끼리의 관계라고 할 수 있습니다. 존재 전체를 걸고 만나는 것이 아니라, 해당되는 자리에 주어진 이름을 통해 만나는 것이죠. 선생님과 학생, 선배와 후배, 같은 학년 친구들.

새롭게 경험하게 되는 영역이 확장되면서 아이들은 자신이 가지고 있던 능력들이 사라지는 경험도 합니다. 잘하던 것을 못하게 되고, 못하는 것을 만나게 되는 거죠. 학교에 들어가기 전, 대략 유아기에는 아이가 스스로 무언가를 못한다고 여기기가 쉽지 않습니다. 오히려 무엇이든 잘할 수 있다고 믿는 게 두드러지죠. 이 세상에서 무언가 가능한 것이 있다면 자기도 할 수 있고, 무언가 불가능한 것이 있다 해도 자기는 할 수 있다는 태도입니다. 제대로 못 걸어도 걸기를 멈추지 않고, 다른 사람이 잘 못 알아들어도 말하기를 멈추지 않는 힘은 거기서 나옵니다. 그런데 그런 자신감에 금이 가게 됩니다. 이제 자기가 못하는 것이 있다는 사실을 통렬하게 받아들여야 하기 때문입니다.

윤지는 피아노, 발레, 노래, 글짓기, 포스터 그리기 등 거의 모든 분야의 것들을 잘하는 아이입니다. 그런데 3학년이 되면서 자기보다 그림을 더 잘 그리고, 노래를 더 잘하는 아이들과 같은 반이 되었습니다. 선생님이 자기 그림을 두고 다른 아이의 그림을 선택해서 교실에 걸었다는 것, 학예회를 준비하면서 자기가 아닌 다른 아이가 뮤지컬 공연의 여주인공이 되었다는 것에 크게 실망을 했습니다. 그런 일이 생길 때마다 윤지는 학교에 가기 싫어서 꾀병을 부렸다고 합니다. 하지만 윤지가 알아두어야 할 것이 있습니다. 점점 커가면서 자기가 일등을 못하는 것, 심지어 전혀 하지 못하는 것이 꾸준히 늘어나리라는 사실입니다.

아이에겐 자기 능력의 부족함을 인정하고 그에 대해 애도하는 시간이 필요합니다. 자신이 무능력하거나 모자란 사람이라는 상처를 받고 그 자리에 주저앉는 대신, 할 수 없는 것들이 있으니 그것들을 다른 것으로 채워야겠다는 다짐을 되새겨야 하죠. 자신이 가지고 있던 능력들을 잃는 것이 오히려 앞으로 나아가게 해준다는 것을 깨달아야 합니다.

아이는 자라면서 엄마, 부모와의 분리뿐만 아니라 자기 자신과의 분리도 이루어내야 합니다. 자신의 일부를 잃어야 하죠. 우리가 가장 사랑하는 것은 무엇보다 자기 자신입니다. 그리고 사랑에는 여러 가지 종류와 형태가 있습니다. 자신을 사랑하는 다양한 방법을 배우는 과정, 하나의 사랑법이 좌절되면 다른 사랑법을 찾을 수 있게 되는 과정, 어떻게 보면 그것이 삶이라고 할 수 있습니다.

성장하면서 세상의 범위는 점점 넓어집니다. 전에 살던 작은 세상에서의 나의 모습을 깨는 것은 좀 더 큰 세상에서 살기 위한 준비입니다. 그 과정을 버텨내지 못하고 거부한다면 나의 영역은 확대되지 못합니다. 만족스럽지만 작은 세상을 떠나서 조금씩 부족한 나를 채우며 큰 세상으로 나아가는 것이 성장입니다. 가장 단순하게는 집을 떠나 학교로, 학교를 떠나 사회로 나아가는 것이죠. 아이는 그 과정에서 무언가를 잘하는 나가 아니라, 잘할 수 있는 것을 찾는 나, 혹은 잘하려고 노력하는 나, 잘하기보다는 즐겁게 하는 나, 남이 잘하는 것을 응원하는 나가 되는 것도 결국은 나를 사랑하는 또 다른 방법이라는 사실을 깨우치고 이전의 자신의 모습과 헤어져야 합니다. 그래야만 삶이 때때로 자신이 원하지 않는 방향으로 나아가게 되더라도 도망쳐 돌아와 숨지 않을 수 있습니다. 자신에게 없는 것이 있다는 것을 받아들여야 없는 것을 찾아 내 것으로 만드는 과정에 몰두하게 될 수 있습니다. 가진 것만을 쥐고 그것에 만족하며 살 것이냐, 부족함을 인정하고 자신에게 없는 것을 찾아 부족함을 채우려고 할 것이냐가 성장의 성공 여부를 가름해줍니다.

놀기와 배우기의 분리

—

이 모든 것과 더불어 학교생활이 가져오는 가장 큰 변화는 놀기와 배우기의 분리입니다. 예전에는 놀면서 배웠지만 이제는 배우는 것에서 재미를 찾지 못할 수 있습니다. 물론 그렇지 않은 아이들도 있죠. 여전히 배우는 것이 재미있고 흥미로운 아이들도 당연히 있습니다. 하지만 어린 시절 그렇게 신나고 즐겁던 놀이 같은 배움은 만나기 어렵습니다. 아이의 배움에 전환점이 찾아온 것입니다. 이제 진짜 공부의 세계가 열립니다. 무엇이 어떻게 변한 걸까요?

이제 배움은 객관적인 장에서 이루어집니다. 어린 시절 무언가를 배울 때는 자기 자신이 주인공이 되어 다른 것들과 직접 관계를 맺습니다. 몸으로 체험하건, 말이나 글자를 통해 습득하건 아이는 항상 배움의 장으로 직접 들어가서 무언가를 가지고 옵니다. 사냥꾼이 먹잇감을 잡아 자루에 담듯이 아이는 하나씩 하나씩 무언가를 가지고 와서 자신의 삶을 채워나갑니다. 자신과 주변 세상에 이름을 붙여주는 것, 매일매일 겪는 일들을 설명해줄 수 있는 것, 아니면 즐거움을 주는 것들이죠. 그 시기에 배우는 것들은 아이와 어떻게든 관련이 됩니다.

아이의 방은 어른들이 사준 장난감들뿐만 아니라, 아이가 직접 모은 것들로 가득 차 있습니다. 어른들 눈에는 대부분 쓸데없는 잡동사니들이죠. 하지만 사실은 그것들 모두가 아이에게 무언가를 알려주는 배움의 도구가 됩니다. 온 세상이 모르는 것투성이인 아이는 보는 것, 듣는 것, 만지는 것만으로도 배울 수 있습니다. 무지하고 순수한 아이들만이 누릴 수 있는 특권이자 그 시절에만 경험할 수 있는 마법입니다. 그렇게 세상의 작은 조각들을 모으면서 아이들은 조금씩 자신의 영역을 넓혀갑니다.

하지만 어른이 되면 지속하기 어려운 일입니다. 어른들도 물론 무언가를 모으긴 합니다. 하지만 보통은 가지고 있기에 적합한 것들을 모으죠. 가지고 있어도 이상하지 않은 것, 가지고 있어야 한다고 여겨지는 것들입니다. 사회적으로 가치가 있는 것, 가지고 있으면 좋아 보이는 것, 나뿐만 아니라 다른 사람들도 가지고 있는 것 등, 말하자면 내가 직접 발견해서 채집한 것들이 아니라 이미 사람들을 통해 보고 듣고 생각해서 알고 있는 것들입니다.

어른은 보는 것, 듣는 것, 만지는 것만으로는 무언가를 배울 수 없습니다. 그런 것들로 방을 채운다고 해서 삶의 영역이 확장되지 않습니다. 어른이 무언가를 배운다면 그것은 지식의 영역에 속하는 일입니다. 생각이란 것을 해야 하고, 이미 객관적으로 정립된 가치나 지식을 참조해야 합니다. 한마디로 어른의 배움은 사회적인 맥락 속에서 이뤄져야 합니다.

아이들은 자기가 보기에 좋은 것이 있으면 가지고 와서 간직하고 그것에 몰두합니다. 자기 마음이 가장 중요하죠. 아이에게 무언가를 사줘야 할 때마다 대면하는 상황이 있습니다. 아이들은 자기가 좋아하는 것만 생각합니다. 어른들이 아무리 부정적인 평가를 해도 자기 마음에 들면 전혀 개의치 않습니다. 하지만 어른은 다릅니다. 자기가 보기에 좋은 것은 대부분 다른 사람들이 보기에도 좋은 것이고, 그렇지 않으면 일단 주저하게 됩니다. 급기야는 좋아하는 것을 감추기도 하죠. 다른 사람들 눈이 중요하기 때문입니다.

요컨대 어린 시절의 삶은 모두 '나'의 영역입니다. '나는', '나를', '나에게', 즉 어떤 상황에서든 모두 '나'가 등장합니다. '나'의 자리가 있다는 말입니다. 아이에게 의미를 주는 경험에는 모두 '나'가 참여합니다. 배움도 마찬가지죠. 내가 본 것, 내가 들은 것, 내가 한 것, 혹은 나에 대한 것. 아이의 삶은 아이가 하는 것들과 아이에 대한 이야기로 이루어져 있습니다. 아이가 쉽게 배울 수 있는 조건이 충족되어 있는 것이죠. 아이가 자기와 상관없는 이야기를 집중해서 듣기란 쉽지 않습니다. 그러고 있는 아이가 있다면, 이야기 내용이 아니라 엄마나 아빠의 목소리를 듣고 있는 것일 수 있습니다.

하지만 이제 배움이 점점 다른 세상으로 옮겨가게 됩니다. 내가 자루에 담아 와서 내 방을 채우면서 할 수 있는 일이 아닙니다. 더 이상 나의 무대에서 이루어지는 일이 아니기 때문입니다. 아이가 학교에 들어가서 하는 배우기에는 '나'가 등장하지 않습니다. 자기가 직접 뭘 해서 얻을 수 있는 것도 아니고, 자기나 자기 주변에 대한 이야기도 아니죠.

아이는 자신의 몸과 생활, 주변 환경과 멀어진 공부를 하게 됩니다. 자신과 묶여 있던 지식의 끈이 풀리고 그 연결 고리를 잃게 되죠. 그러한 거리를 극복하면 다행이지만, 그러지 못한다면 아이는 혼란에 빠지고 실패를 경험하게 됩니다. 사실 어른이 된 우리에게도 자신과 상관없다고 여겨지는 것을 하기란 쉽지 않습니다. 아이들은 그 거리를 어떻게 극복할 수 있을까요? 만약 실패한다면 어떻게 회복할 수 있을까요? 아이러니하지만 우리는 아이들이 실패하는 지점에서 그 방법의 단서를 찾을 수 있습니다. 곤란을 겪는 아이들이 몰두하고 있는, 말하자면 어른들의 눈에는 탐탁지 않은 각종 활동들 속에서입니다.

공부의 연결 고리를
잃어버렸을 때

•

"도대체 쓸데없는 공부를 왜 하는 건지 모르겠어요."

초등학교 5학년 석준이가 한 말은 석준이 부모님의 말과 정확히 겹쳐졌습니다.

"도대체 쟤는 쓸데없는 게임을 왜 그렇게 하는지 모르겠어요."

다른 부모님들도 흔히 하는 말일 것입니다. 서로가 반대되는 주장을 하는데 논리는 똑같습니다. 누구 말이 옳은 걸까요? 어떻게 보면 둘 다 옳습니다. 공부도, 게임도 쓸데없기는 마찬가지죠. 학교를 다니면서 나름대로 공부를 했거나 게임을 했던 사람들은 잘 알 겁니다. 그것이 사는 데 그다지 쓸모 있지 않다는 것을요.

하지만 다시 생각해보면, 우리가 살면서 쓸데 있는 일을 하는 경우는 생각보다 그리 많지 않습니다. 인간의 특성을 찾아본다면 쓸데 있는 일을 하는 데 있는 게 아니라, 쓸데없는 일을 하는 데 있죠. 쓸데없는 일을 하는 자, 그게 바로 인간입니다. 그러니까 쓸데없는 공부는 안 해도 쓸데없는 게임은 하는 것이고, 쓸데없는 게임은 하지 말라고 하면서 쓸데없는 공부는 하라고 하는 것입니다. 그런데 아이의 말과 부모님의 말에서 중요한 부분은 '쓸데없는'이라는 대목이 아닙니다. 바로 '모르겠다'는 대목입니다. 석준이는 공부가 하기 싫고, 부모님은 석준이가 게임을 하는 게 싫은데, 왜 싫은 걸까요? 답은 이미 말 속에 들어 있습니다. 왜 하는지 모르기 때문입니다. 아이가 공부하기 싫은 건 왜 하는지 모르기 때문이고, 부모가 아이가 게임하는 것이 싫은 건 아이가 왜 게임을 하는지 모르기 때문입니다.

여기서 아이와 부모 모두 잊고 있는 것이 있습니다. 얼마 전까지만 해도 아이는 무언가를 배우는 일에 탐닉해 있었고, 부모는 게임과 유사한 아이들의 놀이를 함께 즐겼다는 사실입니다. 그런데 이제 아이는 얼마 전까지도 배우던 것을 배우기 싫다고 하고, 부모는 같이 놀아주던 것을 이제는 놀지 말라고 하는 것입니다.

양쪽의 태도가 모두 변했으니 한쪽의 태도만 바꾸면 되는 게 아닌가, 또는 한쪽이 틀린 건가 생각할 수 있지만, 사실 양쪽 모두에게는 잘못이 없습니다. 아이는 더 이상 놀면서 배울 수 없고, 부모도 더 이상 같이 놀아줄 수 없으니까요. 어쩔 수 없이 그렇게 되었다가 아니라, 그렇게 되어야만 합니다. 말하자면, "아, 우리 아이가 계속 놀면서 배울 수 있으면 좋을 텐데…" 혹은 "내가 아이와 더 많이 놀아주면 좋을 텐데…"라고 한탄할 수 없는 일이라는 뜻입니다. 아이가 성장하려면 놀면서 배우는 일, 그리고 부모와 노는 일에서 벗어나야 하기 때문입니다.

아이는 놀이와 분리된 지식의 세계로 들어가야 하고, 부모는 아이와의 놀이를 중단해야 합니다. 물론 이것은 아이가 더 이상 배움을 즐기지 말아야 한다거나, 부모가 더 이상 아이와 놀지 말아야 한다는 뜻이 아닙니다. 아이는 배움을 즐기지만 이전과는 다른 방식으로 즐겨야 하고, 부모는 아이와 놀지만 이전과는 다른 방식으로 놀아야 한다는 뜻입니다.

석준이와 석준이 부모님은 바로 여기서 이해의 끈을 놓

쳤습니다. 석준이는 자기가 어렸을 때 배웠던 것과 다른 방식의 배움이 무엇인지, 왜 그것을 해야 하는지를 모르고 있습니다. 석준이 부모님은 석준이가 노는 방식이 무엇인지, 왜 그렇게 놀아야 하는지를 모르고 있고요. 달리 말하면, 부모님이 석준이가 하기를 바라는 공부는 석준이가 생각하는 것과 다른 측면에서 쓸모가 있고, 석준이가 하고 싶어 하는 게임은 부모님이 생각하는 것과 다른 측면에서 쓸모가 있는데, 서로가 그것을 이해하지 못하는 것이죠.

다른 질서의 놀이, 다른 질서의 공부

—

유아에서 아동으로 넘어갈 때, 아이가 세상과 맺는 관계, 즉 세상에 대한 아이의 태도에 변화가 필요합니다. 이는 아이의 놀이, 아이의 공부가 전적으로 다른 질서로 들어가는 것과 동시에 일어나는 일입니다. 유아기 초기에 아이가 놀면서 배운다는 것은 우리가 이미 보았듯이 자신의 몸과 직접적으로 만나는 세상을 배우는 일입니다. 하지만 이제는 몸의 즐거움 또는 몸의 즐거움과 관련된 기관에 얽매인 지식이 아니라, 그것을 통제할 수 있고, 세상의 다른 요소들과 관계 맺을 수 있는 지식이 필요합니다. 그리고 그러한 지식에는 좀 더 복잡하고 관념적인 사고 활동이 동원되어야 합니다.

그런 의미에서 아이가 맨 처음 학교에 가서 책과 수업을 통해 무언가를 배우기 시작하는 일은 몸의 세계에서 지식의 세계로, 즐거움의 방출에서 즐거움에 대한 제한으로 가는 일입니다. 공부에 어떤 목적이 있다면, 모든 공부가 같은 목적을 가지고 있다고 할 수 없습니다. 각각의 공부, 각 시기의 공부마다 다른 목적을 가지고 있죠. 유아기를 벗어나는 시기의 공부는 바로 이런 역할에 해당하는 목적을 가지고 있습니다. 초등학교 시절로 이어지는 유아기의 끝에서 아이는 주관적인 세계에서 객관적인 세계로 이동해야 합니다.

놀이 또한 각 시기마다 다른 목적과 의미를 가지고 있습니다. 예를 들어 흔히 뛰어 논다고 할 때, 뛰는 것만 보아도 차이를 알 수 있습니다. 아이들은 한마디로 정신없이 뜁니다. 자신의 몸으로 어떤 결과를 만들어내는 것이 큰 의미를 주기 때문에 몸을 써서 무언가를 할 수 있게 되면 한계를 모르고 극한까지 밀어붙입니다. 아무 생각 없이 뛰는 것 자체에 빠져서 자기 몸을 만끽하고 배우는 것이죠. 사춘기 때 뛰는 것은 오히려 몸을 제한하는 것에 가깝습니다. 자신이 감당할 수 없는 것을 덜어내기 위해 뛰는 것이죠. 그리고 자기 몸을 움직일 때, 다른 이의 시선에 신경을 쓰게 됩니다. 이는 타인들의 세상이 개입하기 시작하고, 자신의 몸의 조건들을 정체성의 기준으로 삼는 사춘기 청소년의 특징이기도 하죠. 그래서 사춘기 청소년은 웬만해선 뛰기를 꺼리고, 꼭 뛰어야 하는 경우, 혹은 뛰지 않으면 버틸 수 없는 경우에 뜁니다. 성인이 뛸 때는 구체적인 목표와 목적이 있습니다. 서둘러야 하거나 건강상의 이유나 체형 교정을 목적으로 뛰게 되죠. 물론 그렇게 목적을 가지고 뛰다 보면 뛰는 것 자체를 즐기게 되겠지만, 아이들처럼 자신의 몸을 만끽하면서 정신없이 뛰지는 않습니다.

그렇다면 유아기가 끝나가는 시점부터 놀이는 아이에게 어떤 의미, 어떤 쓸모가 있을까요? 유아는 몸으로 즐기면서 직접적으로 무언가를 얻으면서 논다고 했습니다. 이때 아이들 놀이의 핵심은 즐기면서 동시에 무언가를 얻는다는 것에 있습니다. 그래서 아이들은 아무 일도 하지 않고 쉬는 것도 노는 것이라고 생각하는 어른들과 달리 반드시 무언가를 하면서 놉니다. 어른이 되기까지 변함없이 유지되는 일입니다. 변하는 게 있다면 '몸으로', '직접적으로'에 해당하는 것입니다. 아이들은 이제 몸이 아닌 다른 것을 동원하고, 직접적이지 않은 것을 가져오면서 놀기 시작합니다.

게임이 주는 보상

—

초등학생 석준이는 게임을 하면서 놉니다. 게임 말고도 여전히 다른 많은 놀이들을 할 수 있지만 석준이는 거의 게임만 하고 놉니다. 이유가 무엇일까요? 당사자인 석준이에게 물어봅니다.

"게임을 왜 하는 거야?"

"그냥요."

상황은 이렇습니다. 많은 경우 게임을 즐기는 사람도 자기가 그것을 왜 하는지 설명하기 어렵습니다. 우리가 어떤 행동을 왜 하는지 설명할 수 있으려면, 적어도 그것이 나와 관련이 있어야 합니다. 행동을 하는 이유는 행동을 하는 사람과 별개로 만들어지지 않죠. 게임을 하는 이유를 정확히 설명하지 못한다는 것은 게임이 자신과 관련 있는 지점이 분명치 않다는 것입니다. 그렇다면 적어도 석준이에게 게임은 그 자체로 없으면 안 되는, 반드시 해야 하는 것은 아닌 것 같습니다.

"그냥? 그런 게 어딨어? 그래도 재밌으니까 하는 거지?"

"네."

놀이의 첫 번째 핵심이 등장했습니다. 재미있다는 건 즐길 수 있다는 말이죠. 두 번째 질문이 석준이를 좀 더 생각하게 만들었나 봅니다. 대답을 덧붙여줍니다.

"재미도 있고, 애들도 다 하고, 또 딱히 할 것도 없고요."

고층 아파트와 위험한 자동차 도로 사이의 손바닥만 한 공간에서 아슬아슬하게 놀아야 하고, 자기들의 시간이 아니라 부모들의 시간에 맞춰서 살아가야 하는 요즘 아이들에게 친구들과 모여서 전통적인 의미에서의 놀이를 하면서 놀 수 있는 환경은 더 이상 기대하기 어려워 보입니다. 아이들의 놀이에는 함께 놀 상대가 있어야 하고, 그 상대와 모일 장소가 있어야 하지만, 이제는 같은 시간 같은 공간에 아이들이 모이기란 보통 어려운 일이 아니죠.

그런 조건 속에서 가장 손쉽게 접근할 수 있는 놀이 수단인 게임을 하는 것이 아이들에게는 자연스러운 결과일지 모르겠습니다. 달리 할 게 없어서 하고, 친구가 하니까 하는 건 그런 상황에서 만들어집니다. 그런데 일단 게임을 시작하면 게임의 논리에 휘말려 좀처럼 거기서 빠져나오기 어려워집니다.

게임의 매혹은 일차적으로는 그것이 매우 구체적인 방식으로 결과물을 만들어낸다는 데 있습니다. 게임을 하는 자에게 주어지는 결과물이죠. 쉽게 말해 게임을 하면 구체적인 어떤 것을 손에 쥐게 됩니다. 석준이가 하는 게임처럼 자기 캐릭터를 키우는 게임에서는 그 캐릭터가 어떤 아이템을 소유하면 효과와 능력이 커집니다. 예를 들어, 어떤 반지를 끼고 있으면 상대방의 공격을 막아낼 수 있다는 식입니다. 더불어 아이의 게임 기술이 발전하겠죠. 속성이나 물건이 쌓이지 않는 게임이라면 게임 기술의 습득과 단련이 더욱 많은 지분을 차지합니다. 운전자가 운전 기술을, 운동선수가 운동 기술을 익히듯이 '실질적으로' 게임 기술을 갖게 됩니다. 물론 게임에 대한 지식이 늘어나기도 하고, 다른 사람들과의 경쟁에서 실제 랭킹의 순위가 올라가기도 합니다.

결투나 대결이 아니라 정원이라든가, 수족관이라든가, 자기 소유의 세상을 만들고 키우는 형태의 게임 역시 추상적인 방식이 아니라 매우 구체적이고 물질적인 방식으로 보상이 주어집니다. 예를 들면, 정직하고 성실하면 네 정원이 풍성해진다, 행복하고 건강하면 네 수족관에 물고기가 많아진다, 라는 식이 아니라는 말입니다. 수족관을 키우려면 먼저 반복적으로 손가락을 놀려 돈을 모으고, 그 돈으로 산호를 사서 키우고, 그 산호가 돈을 벌면 그 돈으로 물고기를 사는 식입니다. 모호한 가치나 개념을 요구하는 것이 아니죠. 돈이 산호를, 산호가 물고기를 구체적이고 순차적인 방식으로 만들어냅니다.

하지만 그보다 궁극적인 게임의 마력은 무엇보다 계속할 수 있다는 데서 나옵니다. 달리 말하면 계속할 수밖에 없다는 이야기입니다. 게임을 하면 손에 쥘 수 있는 것들을 이야기했지만, 그것을 얻기가 그리 쉬운 일은 아닙니다. 게다가 게임을 하는 사람은 많지만 사실 정말 잘하는 사람은 그리 많지 않죠. 그런데도 많은 사람들이 게임에 몰두하게 되는 것은 제한 없이 계속할 수 있다는 데 있습니다. 제대로 못하면 잠깐 기분이 안 좋겠지만, 다시 시간이나 돈을 들이면 그에 대한 보상을 받을 수 있습니다. 계속하기만 한다면 게임 속의 실패는 가상적인 실패, 회복될 수 있는 실패가 되죠. 게임 속에서 수많은 불가능을 만나곤 하지만, 사실 그것은 진짜 불가능이 아니라 늘 회복되고 보상되는 불가능성, 가능성을 품고 있는 불가능성입니다.

게임의 이 두 가지 특징은 하나의 결과로 수렴되는데, 즉 게임 속에서의 자신은 온전하고 완전한 자신만의 세상을 보장받을 수 있다는 것입니다. 이는 앞서 주목했던 놀이의 두 번째 핵심을 가리킵니다. 무언가를 얻을 수 있다는 뜻입니다. 그런데 이것이 이전의 놀이들과 현대의 게임을 근본적으로 가르는 지점이 됩니다. 이전의 놀이가 무언가를 제공했다면, 그것은 현실의 한 부분을 채우는 것일 뿐이었습니다. 반면 게임은 현실을 통째로 대체해버립니다. 석준이에게 의견을 물어봤습니다.

"게임을 너무 많이 하다 보면 현실보다 게임 속 세상에서 살게 되는 건 아닐까?"

"그런 것 같긴 한데, 게임을 하는 저도 현실이잖아요."

석준이는 자기가 사는 게 현실이 아니고 게임이라고 해도 그게 큰 문제가 되는지 모르겠다고 합니다. 아이들이 몰두하는 다른 활동들도 현실을 비슷한 양상으로 대체하는 경우들이 있습니다. 예를 들면 외모 가꾸기나 스타의 팬클럽 활동 등도 무언가가 구체적으로 자신의 것으로 주어지거나 확인되고, 따라서 그것을 지속적으로 계속하게 됩니다. 화장, 미용, 성형을 통해 외모의 결함을 가리고 바꾸는 작업이 끝없이 이어지고, 스타의 인증(사인 받기, 사진 모으기, 직접 만나기, 관련 물품 모으기 등)을 둘러싸고 수집광적인 활동이 이어지는 모습을 보면 쉽게 알 수 있는 바입니다. 그리고 아이들은 그러한 것들로 구성된, 상상적인 하나의 세상에 빠져들게 됩니다.

과도하게 게임을 즐기거나 어떤 대상에 몰두하면서 현실과 거리를 둔 자신만의 세상을 체험하는 일은 아이에게 현실에서 겪어야 하는, 스스로를 깨뜨리는 경험에서 비롯되는 상실감을 보상해줍니다. 한번 빠지면 쉽게 헤어나오지 못할 정도로 아이들을 붙잡는 힘이 바로 거기에서 나옵니다. 하지만, 결국 그런 상상 속의 보상으로 현실에서 겪는 실패나 상실 등을 메울 수는 없습니다.

그런 방식들의 공통점은 종국에 아이들이 실감하게 되는 것은 현실과의 괴리라는 사실입니다. 게임 속 세상, 거울 속 세상, 영상 속 세상… 그 속에 빠져 있을 때는 완벽하고 충족된 것 같았던 나의 삶이 거기에서 빠져나와 현실을 마주하면 순식간에 신기루가 되어 날아갑니다. 결국 현실과 대면하는 것을 점점 피하게 되고, 현실 속에서는 무언가를 하거나 이루고자 하는 마음이 없어지게 되겠죠.

아이들은 나름의 방식으로 자신의 세상을 견고하게 하고, 현실에서 받은 상처를 치유받습니다. 하지만 게임처럼 말 그대로 가상의 세계 속에서만 유효한 해결책은 현실에서는 단지 환각적인 상상에 지나지 않습니다. 그렇기 때문에 아이가 게임을 계속하는 그 이유가 동시에 우리가 게임을 경계해야 하는 이유입니다. 가상의 세계에서지만 게임이 그렇게 현실적이고 구체적인 방식으로 아이가 당면한 문제를 해결해주지 않는다면, 아이는 그만큼 게임에 얽매이지 않을 것이고, 우리가 게임을 경계할 이유도 별로 없을 것입니다.

석준이가 즐기는 게임은 석준이에게 많은 역할을 해주는 놀이입니다. 친구를 대신하고, 지식을 대신하고, 자신의 존재를 보장하는 증거가 되어줍니다. 하지만 원래는 현실에서 찾아냈어야 하는 것들입니다. 가상의 세계에서 게임이 제공하는 것은 보상이라는 측면에서 보면 진정한 해결책입니다. 하지만 그것이 현실이 아니라 가상이라는 데 문제가 있는 것이죠. 가상의 보상이 현실을 가려버리는 결과를 만들기 때문입니다.

하지만 게임 속에서 아이를 사로잡은 것이 그런 방식의 해결책이라는 사실은 달리 말하면, 만약 그것을 대체할 것이 현실 속에 있다면 아이는 충분히 게임에서 빠져나올 수 있다는 의미이기도 합니다. 우리가 질문을 던져야 할 지점은 바로 여기입니다. 게임이 대체하고 있었던 친구, 지식, 그리고 아이의 존재를 담보하는 증거는 현실 속에서는 어떤 효과를 발휘하고 있는지. 그리고 아이들이 놓쳐버린, 혹은 아직 찾지 못한 그것들을 현실 속에서 발견할 수는 없는 건지, 그래서 아이들을 게임으로부터 끌어내는 효과를 볼 수는 없는 건지에 대한 질문이죠.

지식의
역할

•

유아를 상징적인 이미지로 그려보면 엄마 품에 안겨서 한 손에 장난감을 쥐고, 한 손으로는 다른 것을 가리키고 있는 모습이라고 할 수 있습니다. 아이는 자신이 좋아하는 대상을 놓지 않고 엄마와 함께 세상을 바라보는 주인공이죠. 하지만 학교에 가면서부터 아이는 자신이 더 이상 주인공을 맡을 수 없고, 좋아하는 장난감을 쥐고 있을 수도 없으며, 모든 것을 잘한다는 자부심도 버려야 한다는 것을 깨닫게 됩니다. 한마디로 자기 세상이 깨지고 남의 세상의 언저리에 다시 터를 세워야 하는 상황에 놓입니다. 이때 아이들은 남의 세상으로 들어가면서도 자신의 세계를 유지할 방법을 찾게 됩니다. 그중 하나는 남의 세상을 부인하면서 내 세상은 여전히 완벽하다고 상상하는 것입니다. 우리가 앞에서 아이들이 몰두하는 게임이나 외모 가꾸기 등의 활동을 통해 살펴보았던 내용입니다. 다른 하나는 내 세상을 남의 세상과 잘 이어 붙여서 지켜내는 것입니다. 그리고 두 방법은 전혀 다른 결과를 만들어냅니다.

그렇다면 두 번째 방법은 어떤 것일까요? '내 세상을 남의 세상과 잘 이어 붙여서 지켜내는 것'이라고 했는데, 여기에 가장 중요한 것이 빠져 있습니다. 무엇으로 이어 붙이느냐는 것입니다. 바로 게임이 대체하고 있는 것들입니다. 가장 먼저는 내 존재의 가치를 보여주는 증거로 쓰일 만한 것입니다. 우리는 그것을 이미 살펴본 바 있습니다. 아빠가 수행하는 중요한 역할 속에서죠. '아빠의 징표'입니다. 아빠가 부족한 자신을 어떻게 세상과 이어 붙였는지를 보여주는, 어떻게 세상에 대해 아빠의 존재를 증명했는지를 보여주는 것 말입니다. 작가의 펜이나 요리사의 칼 같은 것을 예로 들었습니다. 하지만 그것만으로는 충분하지 않습니다. 아빠의 징표는 내 세상을 완성시켜주는 것이 아니라 출발시켜줄 뿐입니다. 그 징표를 가지고 이제 세상으로 나아가야 합니다.

이를테면 '나는 어떤 해적이 될 것인가?'의 문제입니다. 나침반을 들고 책을 만드는 아빠는 '책을 만드는 해적'입니다. 사실 해적이라는 이름에는 별 의미가 없다고 봐야 합니다. 징표라는 게 그렇습니다. 해적이라는 징표는 할아버지와 아빠, 그리고 나를 연결해줄 뿐입니다. 소설이나 영화에 자주 등장하는 소위 '사랑의 징표'를 한번 생각해보죠. 연인끼리 어떤 징표를 나눠 갖습니다. 이때 징표로 목걸이를 주면 어떤 사랑, 어릴 때부터 간직해온 물건을 주면 어떤 사랑, 문신을 나누어 새기면 어떤 사랑… 이런 식으로 징표에 따라 사랑이 구분될까요? 징표는 그저 서로 사랑하는 사이임을 나타낼 뿐입니다. 다만 그 징표가 나를 지켜주고 나에게 의미를 줍니다. '나는 소중한 사람이야. 그 사람에게 사랑을 받고 있잖아.'

아빠의 징표를 물려받은 아이는 이제 또 다른 징표들을 장착할 가능성을 가지게 됩니다. 나침반을 징표로 삼은 해적의 후계자인 아이가 기특하게도 한 번 더 본보기를 보여줍니다. 좀 더 최근에 아빠에게 이렇게 말했다고 하더군요. "아빠! 아빠 키보드 나한테 주면 안 돼?"

최초의 징표를 습득한 아이에게는 이후 아빠의 징표를

더 강하게 아니면 좀 다르게 혹은 완전히 반대로 만들어줄 징표를 찾을 가능성이 열립니다. 이는 평생에 걸쳐 이루어 져야 하는 일이죠. 우리는 끊임없이 나 자신을 다른 사람, 다른 관계, 다른 사회, 다른 가치와 연결해줄 징표를 찾아 내 것으로 삼아야 합니다.

공부와 지식의 효과

—

아빠의 징표를 가지고 아이가 맞는 첫 번째 남의 세상이 학교입니다. 그리고 학교에서 아이는 자신의 세상이 깨지는 경험을 하게 됩니다. 그럼 이제 그 깨진 부분과 남의 세상인 학교가 어떻게 연결될 수 있을까요? 그것을 연결해줄 '징표들'을 찾아야겠죠. 그리고 학교에서 그 징표들을 찾아야 한 다면 그것은 무엇보다 공부를 통해서일 겁니다. 여기서 공부란 무언가를 '새롭게 알게 된다', '누군가로부터 배운다', '자신의 것으로 익힌다'를 모두 포함하는 영역입니다.

우리는 살아가면서 무수히 많은 자리를 맡게 됩니다. 아들 혹은 딸이라는 자리에서부터, 형제자매, 친구, 학생, 배우자, 부모, 학부모, 직장인, 취미 동호회 회원, 장인, 시어머니 등 셀 수 없이 많은 자리들을 맡게 되죠. 그런데 어떤 자리를 맡아 그 자리에 주어진 역할을 수행하려면 반드시 어떤 지식을 가지고 있어야 합니다. 그리고 우리는 공부를 통해 이러한 지식을 얻을 수 있습니다. 학교는 그런 자리에 대한 지식을 처음으로 체험하게 해주는 공간이라고 할 수 있습니다.

한편 실질적인 삶의 도구로서의 지식도 중요하지만 우리가 예상치 못한 곳에서 지식은 그 힘을 발휘합니다. 예를 들면, 인간이 아무리 연구하고 노력해도 여전히 수수께끼로 남는 것들이 있습니다. 생명의 탄생이나 죽음, 존재의 의미, 삶의 가치 등 소위 철학적인 고민을 안겨주는 문제들이라고 할 수 있습니다. 평소에는 아무 문제도 되지 않지만, 살다 보면 어느 순간 갑자기 이런 문제들 앞에서 무력해지는 때가 올 수 있습니다. 사랑하는 사람이 죽었을 때, 내가 가치 없는 존재로 느껴질 때, 어떤 방향을 향해 나아가야 할지 모를 때, 우리는 자신의 능력의 범위를 벗어나는 불가능성 앞에 서게 됩니다. 그렇게 어쩔 수 없는 한계 앞에서 우리는 말 그대로 쪼그라들어 주저앉아버릴 수 있습니다. 지식은 그렇게 우리가 도저히 풀 수 없는 미스터리와 마주하면서 느낄 수밖에 없는 불안으로부터 우리를 지켜줄 방패막이가 되어줍니다.

우선 그 불안에 직접적으로 맞서고 도전해서 현실적인 해결책들을 제시하려고 하는 과학이나 의학 같은 분야를 생각해볼 수 있습니다. 삶의 질을 높여주고 질병과 죽음을 최대한 피할 수 있게 해주는 과학과 의학 기술의 발전이 이런 문제에 대한 해답을 주려는 노력이겠죠. 다른 한편으로 문학이나 예술을 떠올려볼 수 있습니다. 가령, 우리는 죽음에 대해 전혀 알 수 없지만 이를 주제로 한 많은 이야기들을 알고 있습니다. 그런 이야기들을 위안 삼아, 사랑하는 부모의, 친구의, 혹은 오랫동안 함께했던 고양이의 죽음을 견뎌냅니다. 실질적인 해결책을 찾을 수 없는 문제들 앞에서 느끼는 무력감, 이런 무력감과 불가능에 정면으로 맞서 정답을 얻어내진 못한다고 하더라도, 그것이 품고 있는 치명적인 측면을 중화시키고, 다른 각도에서 바라보게 하는 시도를 해볼 수 있습니다. 지식의 효과가 바로 그런 것입니다.

불가능성에서 가능성으로

—

루이는 로봇끼리 싸우는 놀이만 좋아하는 열 살 소년입니다. 루이가 주로 사용하는 단어는 '죽음', '살인', '도둑질', '해치운다' 등입니다. 부모님은 루이가 폭력적인 아이가 되지 않을까 걱정이 되어서 상담센터에 데려왔다고 했지만, 사실 루이가 특별히 폭력적인 아이는 아니었습니다. 다만 아이의 머릿속을 가득 채우고 있는 말들이 전부 살육과 폭력에 관한 것이었고, 아이가 모아서 저장한 지식도 그런 주제를 중심으로 짜여 있었습니다. 어린 나이임에도 잠자기 전에 화장실을 계속 들락거리고, 밤에 깊이 잠들지 못한다는 것은 아이가 뭔가 불안하고 긴장되어 있다는 사실을 알려주었습니다. 무섭고 잔인한 말들과 형상들로 무장하고 있는 것도 그런 불안에 대항하고 있는 모습이라고 짐작되었습니다. 루이가 맞서고 있는 불안을 덜어내고, 잔인한 이미지와 말로부터 아이를 끌어낼 필요가 있었습니다.

아이가 자기 고집만 부리지 않고 제 말도 들어주게 되었을 즈음 제가 로봇 싸움에 대해 제안을 했습니다. 로봇 싸움을 축구장에서 해보자는 것이었죠. 도화지 양쪽 끝에 각각 축구 골대를 만들고 그 앞에 로봇들을 세웠습니다. 그리고 종이를 작게 구겨서 축구공처럼 만들었습니다. 로봇끼리 싸우기는 하지만, 만약 상대가 공을 골대에 넣으면 죽은 로봇 하나가 살아난다는 조건을 걸었습니다. 놀이를 하다 보니 루이는 로봇 싸움을 하면서 골을 넣는 데에도 신경을 썼습니다. 아이가 드디어 관심을 다른 곳으로 돌리기 시작한 것이죠.

처음엔 제가 이야기를 만들고 조건을 제시해주었지만, 금세 루이가 새로운 싸움을 생각해냈습니다. 재미있는 건 횟수가 더해질수록 아이가 배경과 관련된 정보에 관심을 보이고 싸움 놀이가 배경의 영향을 받아 변형되었다는 것입니다. 가령, 골프장에서 싸움을 하자고 하니 골프장은 가본 적이 없다면서 스마트폰으로 보여달라고 했습니다. 동영상으로 골프장을 구경하고 난 루이가 자기는 유명한 골프 선수인데 사실은 스파이더맨이라고 합니다. 싸움은 캐디로 위장한 우주 해적단과 유명한 골프 선수인 스파이더맨 사이에서 일어났습니다. 그런데 싸움 장소가 골프장이니 우선 골프장을 만들어야 했죠. 병원에 있는 가구들이 골프장으로 변신한 셈 치고 각각에 이름을 붙여주었습니다. 골프공을 한 번 홀에 넣으면 공격할 수 있다고 하고 놀이를 시작했는데, 결국 아이가 홀에 공을 넣는 것에 집중하느라 싸움을 별로 못하게 되었습니다.

꽤 시간이 지나 한번은 놀이공원에서 싸움을 벌였습니다. 그날 루이가 정말 많이 변했구나 하는 생각을 하게 되었죠. 루이는 놀이공원에서는 싸움이 테마별로 벌어지는 것으로 정했는데, 말만 싸움이지 그냥 놀이기구를 정복하는 놀이였습니다. 로봇들은 각 놀이기구를 정복하는 데 저마다 비법이 있었습니다. 롤러코스터는 더 빨리 도착하는 로봇이 이기는 거였는데, 루이가 자기 로봇은 전동 운동화를 신고 있기 때문에 아마 이길 수 없을 거라고 했습니다. 그게 뭐냐고 물었더니 전동 씽씽이에 달린 모터를 운동화에 단 건데 어떻게 그걸 모르느냐고 핀잔을 주더군요. 그 말을 듣고 내 로봇은 전동 날개를 달아서 날 수 있으니 더 빠를 거라고 했더니, 루이가 씩씩거리면서 대결하자고 했습니다. 사실은 그냥 로봇을 들고 달리는 것일 뿐이었고, 제가 평소와 달리 전력으로 달려 루이를 이겼죠. 루이는 자기도 사실은 날개가 더 빠르다는 걸 알고 있었다고 인정했습니다.

루이와의 놀이는 더 이상 피를 흘리는 싸움이 아니라 힘이나 속도를 겨루는 운동이나 좋은 아이템을 먼저 택하는 머리싸움이 되어갔습니다. 그러면서 루이가 쓰는 말이나 떠올리는 이미지도 점점 순화되어갔죠. 물론 루이가 완전히 바뀌었다고는 할 수 없었지만, 이전에는 하지 않던 말이나 생각들을 보여주었습니다.

루이는 위탁가정에서 살고 있는 아이입니다. 아빠는 범죄를 저질러 감옥에 가 있고, 혼자 루이를 키우던 엄마가 사라져버리는 바람에 위탁가정에 맡겨졌습니다. 루이는 엄마, 아빠에게서 한 번씩 버림받은 것과 마찬가지였고, 잔인하고 폭력적인 이미지와 단어들로 자신의 세상을 막다른 골목으로 몰아넣고 있었습니다. 그것은 아이가 스스로의 힘으로 떨쳐내거나 해결할 수 없는 불가능성이었습니다. 하지만 새로운 맥락에 자리하면서 불가능성은 가능성으로 바뀔 수 있었습니다. 새로운 싸움의 장소가 되었던 무대들에 대한 지식 체계 덕분입니다. 무대에 서게 되면 그 무대의 규칙에 따라 모든 것이 달라지기 때문인 것이죠.

루이처럼 자신이 이해할 수 없고 풀어낼 수 없는 일로 고통이나 곤란을 당할 때, 지식은 그것을 다른 방식으로 풀 수 있는 여지를 마련해줍니다. 정면으로 달려들어 해결할 수는 없다고 하더라도, 다른 방식으로 순화시킬 수 있게 되는 것이죠. 루이는 자신의 폭력에 여러 가지 이야기들의 옷을 입힌 것처럼 자신이 당한 불행에 다른 의미의 옷을 입힐 수 있을 것입니다. 그 작업이 아직 완수되지는 않았지만 아이가 첫발을 내디뎠다고 할 수 있겠죠.

현실 속에서 의미 있는 지식
—

지식의 역할에서 중요한 또 하나는 우리가 바라는 것, 우리의 욕망과 관련하여 답을 구하는 과정에서 발현됩니다. 바라는 것, 갖고 싶은 것, 되고 싶은 것을 어떤 이유로든 놓치게 될 때, 우리는 그 상실을 어떻게 메울 수 있을지를 지식 혹은 지식을 가지고 있다고 여겨지는 사람에게 묻습니다. 그에 대한 답은 여러 형태로 돌아오겠지만, 어떤 식으로든 욕망의 유실을 메우는 건 지식의 역할입니다.

아이가 실망과 좌절을 하는 상황은 항상 다른 사람과의 비교, 그리고 그 속에서 만들어진 기대감에 있습니다. 이는 성인에게도 해당되는 사항입니다. 사람들은 모두 자연스럽게 다른 사람과 비교를 하고, 그 기대감을 스스로 채울 수 없을 때 실망에 빠지게 됩니다. 이때 잊지 말아야 할 것이 있습니다. 일이 잘못되는 것은 다른 사람과의 비교를 통해 절망할 때가 아닙니다. 자신이 부족하다고 느끼는 것, 자기에게 없거나 자기가 뺏겼다고 여기는 것을 채우는 방법을 누군가에게 물었을 때, 다시 말해 해답을 달라고 누군가에게 요구했을 때, 그에 대한 답을 제대로 얻지 못할 때 생깁니다. 지식의 효과, 공부의 역할에서 중요한 것이 바로 이 지점에 있습니다.

물론 이때 말하는 지식이나 공부가 반드시 현재 학교에서 배우고 있는 지식의 목록에 포함되어야 하는 것은 아닙니다. 지식은 전수되는 것입니다. 윗세대로부터 물려받는 것이죠. 다만 근대로 넘어오면서 학교라는 공공 교육기관에 의해 보편화된 형태의 지식 체계로 자리 잡은 것입니다. 지식의 형식이나 내용이 어떠해야 한다는 기준이 중요한 게 아닙니다. 오히려 아이에게는 자신과 지식과의 관계를 어떻게 세우느냐가 중요하기 때문입니다. 아무리 적절하고 올바른 지식이라고 하더라도 아이 자신과 별다른 관련 없이 작동하는 지식이라면 아이에게 큰 효과를 미치지 못하겠죠. 지식이 제대로 효과를 발휘하려면 아이와 밀접한 관계 속에 있어야 합니다. 아이가 '이건 내가 아는 거야', '이건 내가 익힌 거야'라면서 직접 손에 쥘 수 있는 지식이어야 하는 것이죠.

어른들은 아이들이 하는 놀이나 게임, 어떤 대상에 빠져드는 일을 현실적이지 않다고 비난합니다. 그렇다면 반대로 공부의 세계, 지식의 세계를 받아들이는 일은 현실적이어야겠죠? 우리는 이 지점에서 과연 그러한가를 살펴볼 필요가 있습니다.

"학생이 공부를 열심히 하는 게 당연하지."

"공부를 잘해야 나중에 고생을 안 해."

"엄마, 아빠는 네가 성공하기를 바란단다."

"성공할 필요는 없어. 하지만 최소한 해야 할 일은 해야 지."

"네가 행복하게 살기를 바라."

흔히 하는 부모님과 어른들의 이야기들입니다. 어느 부분이 구체적이고 현실적인가요? 모두가 보편적이고 추상적인 가치를 이야기합니다. 아이가 서 있는 현재의 삶에서는 이해하기 어려운 것들이죠. 뭔가 좋은 거라고는 하는데, 그게 뭔지 알아내기 어렵습니다. 행복, 성공, 성실, 편안함, 안정된 생활…. 아이가 이것들이 의미하는 바를 느낄 수 있을까요?

아이의 실망과 좌절을 메워주는 것들은 아이가 지금 놓인 현실 속에서 의미가 있어야 합니다. 더불어, 제대로 된 해답에 수반되는 조건은 한번 아이가 그것으로 결손을 메우게 되면, 이후에 오는 다른 결손들을 스스로 메워나갈 수 있어야 한다는 것이죠. 추상적이고 보편적인 진리가 아닌 아이 한 명의 삶과 밀접한 관련이 있는 지식이 전수되어야만 아이는 그것을 자신의 것으로 만들어 스스로 변화시키고 발전시킬 수 있습니다. 그것을 전수받는 일이야말로 아이가 지식의 세계로 들어가야 하는 이유가 되고, 그것을 전수하는 일이야말로 부모나 선생이 아이에게 해주어야 하는 일입니다. 그래야만 아이가 전수를 통해 얻은 것을 자신의 징표들로 삼을 수 있습니다.

삶의 새로운 질서로 이행하는 아동기에 지식과의 관계를 공고히 하는 작업은 세상과 만나는 문을 지식을 매개로 열어주는 일에 가깝습니다. 세상에 의미를 부여하는 시스템 안에 자리 잡게 해주는 것이죠. 이는 아이가 자신과 관련된 세상을 알아가는 과정을 거쳐 자신과 관련이 없는 세상에서 일어나는 일, 그리고 자신이 겪고 있거나 겪게 될 일 등에 대해 이해하는 작업으로 지식의 세계가 나와 연결되는 첫 번째 과정입니다. 감각을 통해 직접 확인하지 못한 새로운 세상, 스스로 감당하기 어려운 경험과 만날 때, 지식은 그것이 전적으로 낯설고 불안한 것이 되지 않도록 의미를 부여하거나, 최소한 질문이라도 던질 수 있는 입지를 마련해줍니다. 그리고 질문을 던지고 해답을 찾는 과정 자체가 아이의 삶을 이루게 됩니다. 그것이 추상적이고 맥락 없는 작업이 되지 않으려면 출발선이 제대로 그어져야 합니다. 바로 아이의 실제 삶, 아이 자체에서 시작되어야 하죠. 안쪽에서 바깥쪽으로의 출발입니다. 미처 준비가 되지 않은 아이는 바깥쪽에서 무작정 찾아오는 것들에 문을 걸어 잠글 수 있기 때문입니다.

공부에서
자신의 무대를 지키는 법

•

숨바꼭질, 보물찾기, 숨은그림찾기, 퍼즐맞추기… 아이들이 즐기는 놀이입니다. 모두 '찾아낸다', '발견한다', '우연히 만난다'와 관련된 놀이이고, 출현, 놀라움, 만남을 경험하게 해줍니다. 발견의 놀이라고 할 수 있죠. 아이가 자기가 몰랐던 것들을 보고, 듣고, 겪고, 그것에 맞는 이름과 단어들을 배우는 과정도 사실은 이런 발견의 축에 놓입니다. 아이가 무언가를 배우는 과정은 자기가 직접 찾아내는 것으로 이루어지기 때문입니다. 체험의 장이 직접 연결되어 있다는 점에서 발견이라고 할 수 있죠.

그렇게 배운 것들은 말이 글의 영역으로 넘어가면서 책을 통해 설명되기 시작하면 세상에서 직접 발견할 수 있는 가능성은 좁아지고, 아이는 그저 전달받는 입장이 됩니다. 따라서 유아가 초등학생이 되어 고학년으로 올라갈수록 발견하는 재미는 사라집니다. 배움이 우리가 흔히 이야기할 때의 그 공부가 되는 것이죠. '연구한다'는 의미에서의 공부, 발견과 대비가 되는 공부입니다. 무언가에 대해 공부하면, 그것은 몸으로 겪는 것이 아니라 다른 것을 통해 설명됩니다. 그리고 그 다른 것은 또 다른 것을 통해 설명되죠. 보통의 공부, 연구 활동은 그렇게 진행됩니다. 정보를 많이 모아 그것들을 서로 연결하고 종합하는 것입니다. 그렇게 지식의 영역은 한없이 넓어지고 깊어집니다. 하지만 그와 더불어 그것을 공부하고 연구하는 나와의 관계도 함께 멀어지게 됩니다.

성인이 되어 연구 활동에 매진하는 사람이라면 그러한 거리를 극복할 수도 있겠습니다. 그러나 아이의 경우, 자기 자신과 지식 사이를 묶어주던 끈이 너무 빨리 풀려버리면, 지식이 자신과 상관없이 동떨어져 있는 것으로 여겨지기 쉽습니다. 바로 이것이 우리가 아이들의 공부와 관련하여 흔히 망각하곤 하는 지점입니다.

발견과 연구

—

아이들의 공부는 발견의 기쁨을 누리면서 자신과 밀접한 것을 배우던 시기와 그 기쁨을 상실한 채 자신과 상관없는 것을 연구하는 시기로 구분됩니다. 자신이 마련한 무대에서 자신의 몸을 동원해 발견하는 공부, 그 속에서 아이는 기쁘게 배우고 감탄스러운 결과물들을 만들어냅니다. 우리가 많은 아이들을 영재라고 불렀던 시기죠. 하지만 공부가 발견에서 연구로 넘어가게 되면서 아이들은 길을 잃기 시작합니다. 자기와 상관없는 공부를 하자니 재미가 없어지면서 하기 싫어지기 때문입니다. 그렇다면 발견이 아닌 연구의 단계에서 배움에 몰두할 수 있는 원동력은 어떻게 생겨날까요?

일차적으로 마음이 끌리는 일이라면 이유가 따로 필요하지 않을 겁니다. 기쁨과 만족을 얻을 수 있다면 자기가 그 일을 왜 하는지 몰라도 할 수 있죠. 좋아하는 것이 확실한 아이들이 별다른 이유 없이도 그것을 열심히 하는 까닭입니다. 과학을 좋아한다거나 수학을 좋아한다거나 만들기를 좋아한다거나 노래 부르기를 좋아한다거나…. 물론 어떻게 그것을 좋아하게 되었는지는 또 다른 탐색이 필요한 일이겠지만, 우선 주목할 것은 좋아하는 것을 열심히 하고 잘하게 된다는 것은 지극히 당연하다는 사실입니다. 반면 마음이 내키지도 않고, 자신과 상관도 없는 일을 하려면 타당한 이유가 있어야 합니다. 적어도 내가 그것을 해야 하는 이유를 납득해야만 하죠. 그런데 아이에게 공부의 이유를 설명해주고 납득시키기란 쉬운 일이 아닙니다. 게다가 그 이유를 설명해주어야 하는 어른들도 정확한 이유를 모르고 있는 경우가 태반이기도 합니다.

좋아하지도 않고 왜 해야 하는지도 모르는 일이라면, 답은 다시 출발점으로 돌아와 찾을 수밖에 없습니다. 멀어져버린 공부와 나의 관계를 좁혀주고, 상실되었던 발견의 지점을 다시 만나게 해주는 것입니다. 연구의 장 안으로 발견의 체험을 밀어 넣는 것이죠. 바로 거기에 학교와 선생님들의 역할이 있습니다. 책에 잘 설명되어 있는 것을 다시 잘 설명하는 일, 학원 선생님이 잘 설명한 것을 다시 설명하는 일이 선생님의 역할이 아닙니다. 지식의 전수와 관련된 선생님의 역할은 객관적인 차원으로 분리되어 나간 공부와 아이의 사이를 좁혀주는 일입니다. 그리고 그것은 우리가 비판하는 주입식 교육의 정확히 반대편에 있습니다.

중학교에서 영어를 가르치는 이은경 선생님은 문법을 가

르치고 단어와 해석을 알려주는 일보다 좀 더 활발한 수업을 하고 싶었다고 합니다. 그래서 수업 시간에 『어린 왕자』 영문판을 읽고 자기 생각을 말해보는 토론 시간을 가졌습니다. 영어 시간이니 물론 해석은 기본이었죠.

어린 왕자와 장미의 이별 장면이 나왔습니다. 평소 영어를 잘하는 A 학생이 손을 들고 해석을 한 후 장미가 못되게 굴어서 어린 왕자가 떠난 것이라는 설명을 덧붙였습니다. 다른 생각이 있느냐는 선생님의 질문에 평소 영어 시간에는 해석을 잘 못해서 말할 기회가 없었던 B 학생이 잠시 머뭇거린 후에 대답했습니다. 하지만 사랑을 말로 표현 못했던 장미는 얼마나 힘들었겠느냐고. B 학생의 설명을 듣고 반 아이들과 선생님 모두 "와~" 하고 감탄을 했다고 합니다. 선생님 말에 따르면 이후 B 학생은 영어 공부에 대한 열의는 물론 성적도 매우 좋아졌다고 합니다.

평범한 듯하지만 특별한 이야기입니다. 자신의 새로운 해석을 친구들이 인정해주었고, 그것으로 학생은 기쁨을 느꼈습니다. 아마도 그 일을 계기로 B 학생은 자신이 모르는 문장들을 해석하고 싶고, 거기에 새로운 해석을 덧붙이고 싶은 욕심도 함께 생겼을 것입니다. 아이들이 "와~" 하고 감탄하는 순간, B 학생과 영어 공부 사이에 관계가 생긴 것입니다. 선생님은 아이들의 생각을 듣고 싶었고, 그래서 물어보았고, 어떤 학생이 응답했습니다. 아이는 자신과 전혀 상관없었던 영어라는 학문의 장에 토론 시간을 통해 출현했고 주목받았습니다. 아이의 생각과 말이 영어의 한 지점과 만남으로써 둘 사이의 관계가 좁혀진 것이죠.

연구의 영역에 발견의 체험을 접붙이는 일은 학문의 내용을 실생활에서 직접 체험해보는 것으로 가능할 수도 있지만, 자신의 생각과 말을 통해 관심을 쏟고 자신의 버전으로 해석하는 일이 될 수도 있습니다. 전자는 체험학습이나 실험, 현장학습, 여행, 관람 등이 될 수 있을 것이고, 후자는 단지 듣고, 읽으면서만이 아니라 말하고 쓰면서 배우는 형태가 될 것입니다. 전자보다 후자가 접근이 더 용이함에도 불구하고 현실에서는 오히려 전자의 방법이 더 많이 시도되고 있는 게 사실입니다. 하지만 후자의 방법, 자신이 직접 그것에 대해 생각하고, 말하고, 쓰면서 자신만의 경험이나 이야기와 연결 짓지 않는다면 체험학습이나 관찰, 실험 등도 결국은 그냥 연구의 영역으로 환원되어버리기 쉽습니다.

이렇게 학교와 선생님의 주요한 역할이 발견의 경험을 공부의 장으로 끌어넣음으로써 아이들과 공부를 이어주는 것이라면 그러한 일은 어떤 식으로 가능할까요?

전수와 인정

—

인터넷을 통해 온갖 정보를 넘치도록 얻어낼 수 있는 시대, 하지만 진정한 지식은 선생님을 통해 전달됩니다. 선생님의 말을 통해 지식을 전달받을 때와 혼자서 공부할 때의 태도가 분명히 다르기 때문입니다. 수업을 들을 때는 지식의 내용을 습득하는 것 이외에 문자 그대로 선생님의 '말'을 듣게 되죠. 선생님이 나를 상대로 말을 하니까요. 혼자서 책을 읽는 것, 누가 책을 읽어주는 걸 듣는 것, 자신이 읽은 책의 내용을 다른 사람이 정리해서 말해주는 걸 듣는 것… 모두 무언가를 배우고 알아내는 과정이지만 전부 다른 효과를 가져옵니다.

책이나 전자매체를 통해 지식을 받아들이는 것은 내가 지식과 단독으로 관계를 맺는 일입니다. 하지만 중간에서 선생님이 전달해준다면 나와 선생님과의 관계가 생깁니다. 내가 지식을 받아들이는 일에 선생님이 개입하는 것이죠. 선생님은 다수의 학생들에게 말을 하며 수업을 합니다. 하지만 다수의 학생 개개인에게 관심을 주는 선생님이라면 학생들은 제각각 선생님이 자신에게 말을 하고 있다고 여기게 되겠죠.

    교육은 지식의 내용만이 아니라 전달하는 자의 영향까지를 고려한 개념입니다. 자신의 지식을 자랑하고 전달하는 것이 아니라, 그 지식을 전달받는 자가 새롭게 사고하고 더 많은 것을 욕망할 수 있도록 안내해주는 것이죠. 그런 효과는 선생님과 학생 간의 소통으로부터 나옵니다. 선생님과 학생이 서로 말을 하고 있다는 조건에서 가능한 것이죠. 단순한 전달, 지시, 명령이 아니라 말을 통해 선생님의 지식에 대한 태도와 관점이 학생에게 전수되는 것입니다. 그런 관계 속에서 지식은 나에게 밀접하게 다가옵니다. 더 이상 나와 아무런 접촉이 없는 객관성 속에 있지 않게 됩니다.

    그렇기 때문에 선생님은 학생에게 말을 하지만, 그 못지않게 학생의 말을 들어줘야 합니다. 한편 학생은 선생님의 말을 듣고, 또 선생님에게 말을 걸어야 합니다. 누군가에게 말을 하는 순간, 내 말을 들어주는 '너'가 생기고 '너'로 인해 나는 1인칭의 주인공으로 무대에 다시 등장할 수 있습니다. 이는 학교에 가면서 발생하는 상황, 주인공을 맡던 무대에서 내려와 나와 상관없이 이루어지는 일들을 지켜봐야 하는 처지를 보상해주는 방법이 됩니다. 내 이야기가 아니라 다른 것들에 대해 이야기해야 한다면, 적어도 그것을 내가 이야기하면 됩니다. 내가 말하는 자로 다시 등장할 수 있습니다. 내용은 내 것이 아니지만 그것을 말하는 사람이 나인 이상, 나는 무대 밖으로 완전히 밀려나지 않습니다. 내가 말을 할 수 없다면, 내가 배워야 하는 지식은 그냥 객관적이고 일반적인 3인칭의 세계, 그의 것, 그녀의 것, 그들의 것이 될 뿐이죠.

우리는 보통 감동적인 영화를 보거나, 책을 읽거나, 하다못해 맛있는 음식을 먹을 때, 좋아하는 사람이 생각나고 그 것을 함께 나누고 싶은 마음이 생깁니다. 아이들이라고 다를 이유가 있을까요? "어제 영화를 하나 봤는데요" 혹은 "아까 엄청 맛있는 디저트를 먹었는데요"라고 말하는 아이의 말을 제대로 듣지도 않고, "그래서 숙제는 했어?", "밥을 먹어야지 왜 자꾸 단 걸 먹어?"라고 대꾸한다면 아이는 이제 입을 다물게 되겠죠. 이른바 '뚱하게 말도 안 하는 아이'가 되어버리는 것입니다.

아이들은 자기가 좋아하는 장난감을 보여주길 좋아합니다. 영상통화가 연결되었는데 부끄럽고 할 말이 없으면 손에 쥐고 있던 자동차를 쑥 내밉니다. 자기랑 마음이 통한다고 생각하면 재미있게 읽었던 만화책 이야기를 하고 읽어보라고 가져다줍니다. 나와 관련 없던 것들이라도 그것에 대해 말하면서 나와의 관계가 생겨나게 됩니다. 누군가를 상대로 말하는 것은 그냥 혼자 생각하고 되뇌고 상상하는 것과는 다른 효과를 만들어냅니다.

그렇다면 이 모든 것을 친구들에게 하면 되지 않을까요? 물론 그럴 수도 있습니다. 하지만 부모님이나 선생님에게 한다면 그것은 조금 다른 의미를 품습니다. 거기에는 어른으로부터 인정을 받고자 하는 마음이 들어 있습니다. 아이들은 자기가 좋아하는 것들을 자랑하고 어른에게 인정받고 싶어 합니다. 그리고 바로 그 인정을 통해 아이 자신과 삶이 가치 있어집니다.

"숙제는 했니?", "학원은 다녀왔니?" 어른들이 아이들에게 거는 이런 식의 말은 대화가 아니라 감시와 통제일 뿐입니다. 어른들이 아이들에게 제일 많이 하는 말이 공부 이야기라고 여겨지지만, 사실 이런 말들이라면 공부에 관한 대화라고도 보기 어렵습니다.

초등학교에 들어가면서부터 아이들은 대부분의 시간을 학교에서 공부하고 집에서 숙제를 하는 데 보냅니다. 자신과 상관없는 것들이라고 했지만, 그중에는 분명 아이의 관심을 끈 것도 있었을 겁니다. 생소한 지식을 접할 때 우리는 보통 귀를 쫑긋 세우고 눈을 크게 뜨고 집중하죠. '혹시 저게 재밌는 것일까?' 그러다가 관심을 자극하는 것을 만나거나, 자기가 잘 이해했다고 여겨지는 것이 있으면 자랑하고 싶고, 이야기하고 싶을 겁니다.

"오늘 이걸 배웠어요!" 아이는 방정식을 배우고, 화음을 배우고, 은유를 배우고, 산맥 이름을 배웁니다. 그런데 그렇게 배운 것에 대해 이야기하고, 자기 생각을 말하고, 자기가 겪었던 것들과 연결 지어보는 경험을 과연 얼마나 하고 있을까요? 숙제나 과제물을 체크하면서 부모님이나 선생님은 아이의 공부에 관심을 쏟고 있다고 여길 수 있습니다. 하지만 그것뿐이라면 아이의 공부의 세계에 한 발짝도 들어와 있지 않다고 봐야 합니다. 관심은 좀 더 세심하고 구체적이어야 합니다. 하루 종일 힘들게 일하고 돌아왔는데, 가족이 "오늘 얼마 벌었어요?", "지각은 안 했어요?"라는 질문만 하고 돌아선다면, 한동안 공들인 프로젝트를 성공시켜서 너무나 기쁜데 아무 데도 이야기할 곳이 없다면, 어른으로서도 기운이 빠지는 일 아닐까요?

극심한 경쟁에 내몰린 아이들끼리 모여 자발적으로 공부에 대해 이야기하기는 어렵습니다. 게다가 아이들의 공부가 어른들의 학문 탐구처럼 되어서는 앞으로 나아가기 어렵습니다. 아이들의 공부는 살아 숨 쉬는 발견의 영역과 한동안 더 닿아 있어야 합니다. 학교에서 선생님이 해줘야 하는 일 중에 하나가 바로 그것입니다. 아이들이 배운 것을 스스로 생각하고 이야기하고, 자신의 삶과 이어 붙일 수 있도록 시간과 공간과 방법을 제공해주어야 하는 것이죠. 그렇게 아이들은 학교에서 상실뿐인 좌절만을 경험하지 않고, 자신의 무대를 여전히 지키면서 몸의 즐거움에서 벗어나 사고와 언어, 가치의 영역으로 이동할 수 있는 가능성을 얻게 되어야 하는 것입니다.

아이는
응답을 기다린다

.

　"숙제가 너무 많아요", "공부가 재미없어요", "졸려요, 자고 싶어요"라고 말하면서도 대부분의 아이들은 학교에 다닙니다. 보통 불평은 그 일을 감수하기 위한 버팀목이거나, 자신의 수고와 고통을 알아달라는 호소입니다. 하지만 우리는 간혹 정말로 학교에 가기를 두려워하거나 거부하는 아이를 만나기도 합니다. 그중에는 실제로 학교를 그만두는 아이들도 있습니다. 결국 다시 학교로 돌아가긴 했지만 앞서 보았던 셀렌도 그런 아이였습니다.

　아이들은 학업을 따라가지 못하거나 흥미를 잃어서, 학

교 폭력에 휘말려서 혹은 부모의 갈등 등의 이유로 학교 다니기를 거부합니다. 물론 그럴 수 있습니다. 하지만 공부를 하기 싫어도, 폭력적인 사태에 연루되어도, 집안에 갈등이 많아도 여전히 학교를 다니는 아이들도 많습니다. 그 아이들도 학교 가는 일이 즐겁고 만족스러울 리 없지만 그렇다고 학교를 그만두지는 않는 것입니다. 차이는 어디서 생기는 걸까요? 문제의 핵심은 아이가 학교에 대해 취하고 있는 입장입니다. 아이 스스로 학교 가기를 거부하는 상황에는 학교와 관련해 궁지에 처한 아이의 독특한 입장이 개입되어 있습니다.

학교에 간다는 것은 지식과 관계를 맺는 동시에 하나의 사회 체계 안에 자리를 잡는 일입니다. 학교에는 선생님과 학생, 선배와 후배, 친구들끼리의 관계, 지켜야 할 규율, 해야 할 과제와 하지 말아야 할 금기가 있습니다. 그리고 학교에 간다는 것은 이런 체계에 순응한다는 전제를 받아들이는 것이죠.

이 과정에서 아이는 어느 정도 내 마음, 내 뜻을 내려놓아야 합니다. 내 몸, 내 기분, 내 감정, 내 능력, 내 생각 같은 것들이 충분히 고려되지 않을 수도 있다는 것입니다. 몸이 불편하거나 기분이 좋지 않거나, 해야 할 것에 대한 준비를 못했다거나, 해야 할 것에 동의하지 않는다고 하더라도 그런 상황이 고려되어 규칙이 바뀌거나 내 책임이 달라지지 않습니다. 이런 과정에서 아이는 어느 정도는 일정한 상실을 받아들여야 합니다. 앞서 말한 지식의 전수가 학교의 첫 번째 역할이라면 두 번째 역할은 아이가 이러한 상실을 감내하며 사회로 입문할 수 있도록 안내하는 것입니다.

학교의 두 가지 역할과 관련하여 아이가 학교를 그만둘 정도로 학교가 두려워지는 지점은 '자신'이 사라져버릴 것 같은 위협을 느낄 때입니다. 그냥 단순히 공부가 재미없거나, 공부를 못하거나, 선생님 말씀이 어렵거나, 규칙을 못 지키는 것이 아니라, 학교에 있으면 마치 자신이 살아 있는 것 같지 않은 느낌을 받는 것이죠. 학교에 가면 '죽을 것' 같은 경우입니다. 더 이상은 교실의 내 자리에 앉을 수 없을 때, 거기에 앉으면 내가 사라져버린 것처럼 느껴질 때, 아이들은 학교에 가지 못합니다.

내가 사라질 것 같은 위협

먼저 공부의 수준에서 문제가 발생하는 경우가 있습니다. 나를 채워줘야 할 공부가 오히려 나를 비워내는 것처럼 느껴질 때죠. 수업을 듣거나 과제를 하는 게 고통스럽습니다. 공부를 하기 싫은 게 아니라 할 수 없는 상황에 부딪히는 것입니다. 학교에서 배우고 익혀야 하는 공부와 나 자신 사이에 아무런 연관도 찾을 수 없는 상태에서 공부가 계속 심화되고 확장될 때, 아이는 공부하는 시간 동안 '죽어 있는' 것과 마찬가지가 됩니다. 그래서 비유적으로 말하자면 '다른 곳'에 가 있게 됩니다. 멍하니 다른 곳을 바라보거나, 다른 생각을 하거나, 다른 짓을 하죠. 단순히 장난을 치거나 반항을 하는 경우와는 다릅니다.

공부를 강요하는 상황을 경계해야 하는 이유도 여기에 있습니다. 아이가 공부를 하면서 힘들긴 해도 스스로 무언가를 배우는 것을 통해 조금씩 풍요로워지고 있다면, 공부 때문에 학교에 가지 않는 결과에 이르지는 않습니다. 하지만 공부 때문에 스스로가 빈곤해지는 경험을 한다면 문제는 달라지죠. 그런데 이러한 경험은 공부와 자신과의 연결 지점을 찾을 수 없을 때도 일어나지만, 공부가 누군가의 강요와 감시의 영역에 들어가게 될 때에도 일어날 수 있습니다. 부모님이나 선생님이 공부를 강요하거나 감시할 때 아이는 공부를 하면 할수록 무력해지는 자신을 보며 존재감을 잃어갈 수 있습니다.

또 다른 경우는 앞서 말했듯이 학교에서 자신의 자리를 찾지 못할 때입니다. 공부에 대한 적응과는 별개로 학교 공간 어디에서도 자신의 자리를 마련하지 못하는 경우죠. 학교에 가면서 감수해야 하는 일정 정도의 상실이 여러 가지 이유에서 존재 전체를 앗아가는 듯한 위협으로 다가올 때, 아이는 더 이상 학교를 가지 못합니다.

그렇게 학교를 그만둔 아이들은 공부나 학교 시스템에서 오는 자신에 대한 위협으로부터 최대한 안전을 보장받을 수 있는 배움의 형태(대안학교 혹은 홈스쿨링)를 선택하기도 하지만, 극단적인 경우 자기 방으로 들어가서 나오지 않으려고 합니다. 사회적인 관계망으로 들어가서 그 안에 자리를 잡는 것이 아니라, 자기 자리는 그대로 둔 채 표면적인 소통만 하면서 시간을 보내는 것이죠. 예를 들면 게임, 웹툰, 애니, 특정 장르의 음악 등의 세계에 홀로 접속해 즐기는 것입니다. 같은 관심을 가진 사람들과 의견을 나누고 함께 즐거워하지만 그런 행위가 스스로를 사회적 존재로서 자리 잡게 해주는 역할을 하지는 않습니다.

아이가 학교에 가지 않는 것 자체는 별 문제가 되지 않을 수도 있지만, 그것이 외부 세계나 지식과의 단절을 가져온다면 심각한 문제가 됩니다. 학교로 대표되는 사회적인 제도나 체계에 자리 잡기를 거부하는 것이기 때문입니다. 어떤 규칙 때문에 자신이 하고 싶은 것을 하지 못하는 것, 어떤 역할을 해야 하기 때문에 자신이 하기 싫은 것을 해야 하는 것을 받아들이지 못하는 것이죠. 이른바 "내가 왜?"입니다.

어쩌면 맞는 말입니다. 사회적인 인간이 된다는 것, 제도를 받아들이고 격식에 맞춰 살아간다는 것은 요즘 아이들이 자주 쓰는 말처럼 '귀찮은' 일투성이입니다. "내가 왜?"라는 생각이 들 수도 있죠. 하지만, 내가 '나'라고 생각하는 '나'를 지키기 위해 그런 모든 것들을 거부하게 되면, 사회 안에 '나'를 만들 수 없는 처지에 이르게 됩니다. 문자 그대로 방문을 열고, 현관문을 열고 나간 바깥세상에 내 자리는 없는 것이죠. '나'를 지키기 위해 '나'를 잃어버린 결과를 맞게 됩니다. 우리가 '나'를 잃어버리면서까지 그렇게 귀찮은 일들을 해가며 사회 안에 자리 잡으려고 하는 것은 바깥세상에서도 '나'로서 존재하기 위해서입니다. 약간의 '나'를 잃고 '나'를 지키는 것입니다. 그 약간의 '나'를 포기하지 못하면 '나'를 만들지 못하고, 집으로, 방으로, 엄마 품으로 돌아오게 됩니다. 아이가 성장하는 것은 엄마 품에서 나와 세상으로 나가는 것이라고 했는데 다시 엄마 품에 숨게 되는 것입니다.

그렇다면, 학교에 가기를 거부하는 것은 온전히 아이의 선택이며 책임이 되는 것일까요? 사회에 잘 적응하지 못하는 아이는 어쩔 수 없이 고립된 생활을 해야 하는 것일까요? 만약 그렇다면 아이에게 너무 가혹한 일이 아닐까요? 네 맞습니다. 만약 그것이 온전히 아이의 책임으로 돌려진다면 굉장히 가혹한 일이 됩니다. 그리고 우리가 학교를 학교라고 부를 이유도 없어집니다. 학교는 다른 사회 체계와 마찬가지로 내적인 질서와 규율을 가지고 운영되지만, 본질적으로 커다란 차이점이 있습니다. 바로 학교는 교육기관이며 학교에는 선생님들이 있다는 사실입니다. 우리가 너무나 당연하게 알고 있는 사실인데 현실에선 잘 잊히곤 합니다.

서로 상응하는 것을 연결하시오

—

학교는 한 개인이 사회 안에 자리 잡고 관계를 맺으며 살아갈 수 있도록 가장 기본이 되는 교양을 가르치고 훈련시키는 교육기관입니다. 그런데 여기서 잊지 말아야 할 것은 교육과 훈련의 방향이 사회를 대변하는 학교로부터 학생으로 향하는 것이 아니라, 학생에서 학교로, 더 나아가 사회로 향해야 한다는 사실입니다. 화살표의 방향이 학교에서 학생을 향해서가 아니라, 학생에서 학교를 향해 그어져야 하는 것이죠. 바로 여기에 선생님의 역할이 있습니다. 그리고 선생님이 가지고 있는 지식이 어디에 쓰여야 하는가라는 문제가 제기되는 지점도 여기입니다. 오해하지 말아야 할 것은, 화살표가 학생으로부터 학교로 향해야 한다는 의미가 '무엇이든 학생이 원하는 대로 맡겨둔다'는 뜻은 전혀 아니라는 사실입니다.

학창 시절 시험 문제 중에 "서로 상응하는 것을 연결하시오"라는 문제가 있었습니다. 예를 들자면, 왼쪽에 세 개, 오른쪽에 세 개의 보기를 줍니다. 그리고 각 항별로 서로 관련 있는 것을 화살표로 연결하라는 것이죠. 왼쪽에 참새, 악어, 고래가 주어지고, 오른쪽에 파충류, 포유류, 조류가 주어지는 식입니다. 그리고 서로 '상응하는' 것을 연결합니다. 이런 형태의 문제를 풀 수 있으려면 왼쪽과 오른쪽에 쓰인 항들을 다 알고 있어야 하겠죠. 한쪽만 알고 한쪽을 모르면 답을 알 수 없습니다.

학교에서 선생님이 놓인 상황은 이와 유사합니다. 한쪽에는 이제 막 세상을 배우는 학생들이 있습니다. 공부에 대해서도, 사회에 대해서도 잘 모르는 아이들입니다. 그리고 다른 쪽에는 아이들이 공부를 통해 입문해야 하는 지식의 세상과 앞으로 적응해서 살아나가야 할 사회가 있습니다. 물론 기존의 지식과 사회에 그 아이들의 삶이 들어 있을 리 없죠. 따라서 처음엔 양쪽의 항들 사이에 아무 관련이 없어 보입니다. 이제 학교 선생님에게 문제가 제시됩니다. "서로 상응하는 것을 연결하시오."

선생님이라면 당연히 지식과 사회에 대해서 잘 알고 있 겠죠. 그것이 선생님이 되는 조건이니까요. 자신이 담당한 과목의 내용, 학문적인 의의, 그러한 지식의 사회적인 역할 등 선생님은 그에 대한 일련의 지식을 가지고 있습니다. 말 하자면 선생님은 '상응하는 것을 연결하기'라는 문제에서 이미 한쪽은 다 알고 있는 상태로 시작합니다. 하지만 선생 님은 알고 있는 그것을 아이들은 모르고 있습니다. 그 과목 에 대한 통합적인 지식이 없기 때문에 그것의 어느 지점에 자신이 연결될 수 있을지 전혀 모르는 것이죠.

아이들이 학교생활을 시작하면서부터 선생님의 문제 풀 기도 시작됩니다. 아이들 한 명, 한 명을 알아보고 그 아이들 과 지식 체계, 더 나아가 사회 체계와 연결해주는 일입니다. 객관적인 지식을 아이들에게 주입시키는 것이 아니라, 아이 들 각자가 좁게는 해당 과목, 넓게는 그 과목을 함축하고 있는 사회의 어떤 지점이 자신과 상응하는지를 가늠하게 해주고 그로부터 자신의 자리를 만들어낼 수 있도록 살펴주는 것이죠. 어려운 일인 듯 보이지만 사실 기존 사회에서 지식을 담당하고 있던 사람들이 해왔던 일이 그것입니다.

예를 들면, 변호사는 법의 체계와 개인을 연결해줍니다. 변호사가 가지고 있는 법에 대한 지식은 한 명의 개인에게 일어난 고유한 사건이 법의 어느 지점에 상응하는지를 파악하는 데 쓰입니다. 변호사는 단지 법 지식에 통달하고 그것을 대변하는 사람이 아니라 한 명의 개인일 뿐인 의뢰인을 법의 테두리 안에서 이해해주는 사람인 것이죠. 법전에는 그 사람의 이야기가 들어 있지 않습니다. 객관적인 원칙으로서 불특정하고 추상적인 인간 일반에 대한 법이 있을 뿐이죠. 법과 개인을 연결하는 일은 법 지식을 가지고 한 개인을 만나는 변호사에게 할당된 일입니다.

의사 역시 마찬가지입니다. 의학적 지식을 가지고 환자를 진찰하고 치료하는 의사는 인간 일반의 추상적 몸이 아니라 개인 각각의 특정한 몸을 살핍니다. 개별적인 몸에서 일어나는 현상을 의학 지식의 체계와 연결하는 일을 하는 것이죠. 그런 의미에서 한 사람의 병력과 생활 습관 등 그 사람에 관한 것들을 오랜 시간에 걸쳐 알아가는 주치의 시스템은 의사가 한 사람의 몸 전체를, 그리고 몸을 둘러싸고 일어나는 일련의 삶의 주요 현상들을 자신의 의학 지식을 통해 환자와 함께 이해하고 해석하는 일에 관여하고 있음을 잘 보여줍니다.

선생님이 가지고 있는 지식의 쓰임새는 이와 동일한 맥락에 있습니다. 특히 그 지식은 한 사람의 성장과 관련되어 있다는 점에서 매우 중요합니다. 선생님은 아이를 사회적인 장으로 이끄는 일을 맡고 있습니다. 중요한 것은 아이와 사회의 중간에 서 있는 선생님의 과업입니다. 선생님은 아이가 온전한 한 사람으로서 가능하면 자신의 것을 최대한 보존하면서 지식과 사회 안으로 들어갈 수 있게 방향을 잡아줘야 합니다. 선생님 없이 아이 혼자 지식과 사회를 마주한다면 아이는 자신의 삶이 객관적인 체계에서 어느 지점에 상응하는지 찾기 위해 훨씬 더 오래 방황할 수 있습니다.

주인공의 자리에서 물러나고, 손에 쥐고 있는 것들을 놓고, 말하기를 멈추고 들어야 하는 상황이 아이에겐 낯설고 무언가를 뺏기는 것 같은, 그보다 더한 경우라면 자신을 잃어버리는 듯한 경험으로 다가올 수 있습니다. 그러한 상실감은 반드시 겪어내야 하지만, 그로 인해 회복되지 않는 상처를 입어서는 안 됩니다. 사회의 지식을 대표하는 선생님은 말 그대로 '선생님'으로서 바로 그 사회의 지식을 통해 아이가 겪는 상실을 함께 극복해나가고, 그 상실을 통해 다른 세상으로 나아가도록 인도해주어야 합니다.

누군가 응답해준다는 것을 알게 되었을 때

우리는 살면서 많은 어려움들을 겪습니다. 몸에 상해를 입기도 하고, 마음에 상해를 입기도 하고, 내가 가진 것에 상해를 입기도 합니다. 그리고 그것은 고통을 줍니다. 좌절에 빠지게 되죠. 하지만 어려움을 겪고 고통을 당하는 그 순간이 진짜 좌절의 순간은 아닙니다. 왜냐하면 나 말고 다른 누군가, 나보다 어른인 누군가, 나보다 더 많이 알고 더 힘이 센 누군가가 그 어려움을 해결해줄 수 있지 않을까 하는 희망이 있기 때문입니다.

친구와 싸우다가 심하게 얻어맞았을 때, 학교에서 시험을 너무 못 봐서 고개를 들기도 창피할 때, 정말 좋아하던 물건을 잃어버렸을 때, 속상하고 분해서 씩씩거리고 얼굴엔 눈물 콧물이 범벅이 돼도 아이는 아직 희망이 있습니다. 집에 가서 엄마와 아빠에게 말하거나, 학교에서 선생님에게 말할 수 있기 때문입니다. "제가 이런 일을 당했어요. 어떻게 해야 되죠?" 그런데 정작 아이가 좌절에 빠지게 된다면 그것은 바로 다음 순간입니다. 어른들이 답을 주지 않거나 문제를 해결할 수 없는 엉뚱한 답을 줄 때입니다. "그러게 왜 그런 애랑 놀아?", "공부하랬지? 안 하니까 그 모양이지", "그게 뭐 중요한 일이라고 울고 그러니?"

어른이 되었을 때도 우리는 같은 일을 겪게 됩니다. 회사에서 상사에게 모욕을 당했을 때, 동창을 만났는데 자기 몰골이 초라하다고 느낄 때, 사랑하는 사람과 헤어졌을 때, 우리는 그것에 답을 줄 수 있을 것 같은 사람에게 의지하게 됩니다. "내가 이런 일을 당했어요. 어떻게 해야 하죠?" "그러게, 좀 더 열심히 살았어야지", "사는 게 원래 힘들어. 누구나 그래", "어차피 시간 지나면 잊혀져. 실연 별거 아니야."

그보다 심각한 상황이라면 사회에서 부당한 일을 당하거나 목격할 때, 억울한 상황에서 도저히 빠져나올 수 없을 때, 주변에서 그 답을 찾을 수 있는 상황이 아닐 때, 우리는 법이나 사회제도 혹은 국가에 그 답을 직접 구하기도 합니다. 그럴 때 돌아오는 답이 없거나 이처럼 엉뚱한 답이 주어지면 말 그대로 '답이 없는' 상황에 빠지게 됩니다. 내가 발 디디고 있는 토대 자체가 무너진 것처럼, 아무도 구해주지 않는 늪에 빠진 것처럼 추락하게 되겠죠.

사실 답을 주는 쪽에서 아무리 적절한 답을 준다고 하더라도 그것은 완전한 답이 될 수 없습니다. 결국 문제를 해결해야 하는 사람은 우리 자신이기 때문입니다. 내가 겪은 아픔, 상처, 불편함, 손해, 실패 등은 외부에서 아무리 보듬어주고 보상해준다고 하더라도 어떤 식으로든 나 자신에게 흔적을 남기게 됩니다. 그리고 그것들의 흔적을 받아들이거나 지우는 일은 고스란히 나의 몫으로 남겨집니다. 결국 우리는 삶을 자신의 어깨에 짊어질 수밖에 없습니다. 하지만 그것을 해결하고 그 흔적을 감당할 수 있으려면 우리에게 비빌 언덕이 있어야 합니다. 내가 사는 세상이 나의 고통과 좌절을 알아주고, 그것을 극복하려는 나의 노력을 응원해준다고 믿을 수 있어야만 나의 힘든 노력이 공허하지 않게 됩니다. 내가 의지하는 사람, 내가 의지하는 법, 내가 의지하는 사회 체제는 내게 결코 정답을 주지는 못할 것입니다. 하지만 적어도 나의 부름에 대한 응답은 얻을 수 있어야 합니다. 어떤 응답도 없는 세상에서는 살아볼 용기를 낼 수조차 없기 때문입니다.

　아이가 자신의 고통을 호소할 때, 우리는 부모로서, 선생으로서 그에 대해 응답해주어야 합니다. 직접 나서서 그러한 고통을 사라지게 해주는 것이 아니라, 적어도 그 아이가 정말로 고통스러워하고 있다는 것을 알아주고, 아이가 그것을 이겨내려는 노력을 해주기를 바란다는 것을, 그리고 그 노력을 응원하고 있다는 것을 알려주어야 합니다.

그것이 가능하려면 가장 먼저 우리는 아이만의 사정, 아이만의 사연을 알아주어야 합니다. 좋아하는 물건을 잃어버린 아이가 울 때, 그 물건이 아이에게 어떤 의미인지를 헤아리지 못하면 아무 답도 줄 수 없습니다. 시험을 못 봐서 나쁜 성적을 받은 것이 단순히 아이가 게으르고 불성실해서 나온 결과일 뿐이라고 생각하면 아이의 좌절감을 이해할 수 없겠죠. "그러게 네가 잘했으면 됐잖아." 아이라고 잘하고 싶지 않을 리 없습니다. 누구나 무언가를 하게 되면, 잘하고 싶어 합니다. 다만 누구나 잘할 수 있는 게 아닐 뿐입니다. 아이가 성적표를 들고 속상해한다면, 우선은 무엇이 그렇게 속상한지를 알아주어야 합니다. 그게 성적이 안 나와서 그런 것인지, 선생님한테 혼나서 그런 것인지, 친구들 앞에서 창피해서 그런 것인지 말입니다.

힘든 일을 겪은 사람들이 가장 먼저 하는 일이 자기가 그것을 겪은 경위를 설명하는 일입니다. 도대체 자기가 왜 힘들어하는지를 알아주었으면 하는 것이죠. 그렇게 해서 속상한 마음이 어느 정도 사라졌을 때에야 다음번에 상처 입지 않을 방법들을 함께 이야기해볼 수 있습니다. 그것은 공부를 좀 더 열심히 하는 것일 수도 있고, 성적이 안 나와도 실망하거나 창피해하지 않는 것일 수도 있고, 선생님에게 혼나도 의연해지는 것일 수도 있습니다. 사실, 상처가 아문 다음에는 정확한 답이 나오지 않아도 큰 문제가 되지 않습니다. 아이는 자기가 절망에 빠질 때, 누군가가 응답해준다는 것을 알게 되었으니까요. 자신의 사정과 사연을 이해받았으니까요. 이제는 스스로 문제를 해결해볼 힘을 얻게 됩니다. 내가 믿고 의지하는 부모님과 선생님이 내가 고통 속에서 무너지지 않고, 그것을 이겨내기를 바라고 믿고 응원해주고 있기 때문입니다.

아이는 어떤 일을 겪으면 부모와 선생님에게 제일 먼저 말하고 기다립니다. 부모와 선생님은 사회에 속한 사람들이죠. 가족과 학교 안의 규율, 예법, 전통 등에 속해 있다는 말입니다. 그리고 부모와 선생님의 역할은 부모와 선생이 사회에 속해 있을 뿐 아니라 동시에 아이와 직접적인 관계를 맺고 있다는 사실을 받아들일 때 완성됩니다.

부모와 선생님은 아이를 알고 있습니다. 그 아이가 누구인지, 성격이 어떻고, 무엇을 좋아하고, 무엇을 두려워하고, 무엇을 잘하고 못하는지 알고 있습니다. 그리고 이 역할의 어려움은 바로 여기서 나옵니다. 알고 있는 것을 모르는 것으로 할 수는 없는 법입니다. 아이를 모르는 체할 수 없다는 것이죠. 만약 부모나 선생님이 아이 쪽이 아니라 오직 법과 규율, 객관적인 상황의 기준으로만 아이에게 답을 준다면 그것은 아이를 모르는 척하는 일입니다. 성적표를 들고 속상해하는 아이에게 "그러게 공부 좀 하지 그랬어?"라고 답하는 일은 자신을 좀 알아달라는 아이를 모르는 체하고 "너 누구니?"라고 묻는 것이나 다름없습니다. 아이가 듣는 답은 그렇습니다. 아이의 보호자의 윤리에는 아이를 알아야 한다는 것이 포함되어 있습니다. 아이의 사연, 사정을 이해하고 응답해주어야 합니다.

하지만 아이가 어떤 문제를 갖고 있다고 해서 매번 어른을 향해 물음을 던지는 것은 아닙니다. 그 이전에 이미 알아서 답을 구하는 경우들이 있는데, 이때 아이에게 또 다른 방식으로 의지가 되는 사람이 있습니다. 그리고 아이의 성장은 부모와 선생이 애초에 맡고 있었던 몫이 조금씩 그쪽으로 옮겨가는 것임을 의미하기도 합니다. 그 몫은 누구에게 나눠지는 것일까요? 바로 친구입니다.

학교에는 친구가 있습니다

—

아이는 학교에 가면 친구를 만나게 됩니다. 그리고 그것이 아이가 학교에 다녀야 하는 또 하나의 이유이자 학교를 다니지 못하게 되는 원인이 되기도 합니다. 그렇다면, 친구란 무엇일까요? 별 의미 없는 질문처럼 보입니다. 친구가 무엇인지 모르는 사람이 있을까요? 하지만 적어도 부모님들의 이야기를 들어보면 친구가 무엇인지, 친구의 역할이 무엇인지 오해하고 있는 것 같습니다. 요즘 아이들이 친구를 만날 시간이 별로 없고, 친구 관계가 예전 같지 않다는 것은 모두 알고 있는 내용이죠. 그러면 어떻게 하죠? "네, 제가 많이 놀아줘야죠." 어머님이나 아버님들이 하는 말입니다. 아이에게 어떤 문제가 있다고 여겨지면 제일 먼저 하는 말이 "우리가 대화를 많이 안 해서 그래요. 말을 많이 해줘야죠", "가족끼리 여행을 가려고요" 등입니다. 그런데 사실 학교를 다니는 연령의 아이들에게 필요한 건 부모님과의 시간이 아닙니다. 친구가 없는 상황, 친구를 잘 못 만나는 상황, 친구와 대화를 하지 못하는 상황을 부모님이 대신할 수는 없습니다. 만약 대신할 수 있다고 생각한다면 친구가 무엇인지 안다고 할 수 없을 겁니다.

물론 친구는 같이 놀고, 서로 이야기를 나누는 사이입니다. 하지만 친구의 중요한 역할은 그것에 그치지 않습니다. 제가 가끔 농담처럼 하는 말이 있습니다. 우리가 어렸을 때 그냥 아무 생각 없이 학교에 갔던 건 아침마다 대문 앞에서 소리치는 친구가 있었기 때문이라고요. "희주야, 학교 가자!" 농담이 아니라, 늦잠을 자는 아이를 일으켜 세워 학교 갈 준비를 하게 만드는 가장 강력한 목소리는 엄마의 화난 목소리가 아니라 친구의 목소리였습니다. '애들이 다 가니까 갔다' 역시 같은 맥락에 있습니다. 애들이 다 가는데 나만 안 갈 수는 없는 노릇입니다.

학교에는 친구가 있습니다. 형제자매가 꼭 친하지 않아도 형제자매이듯이 같은 반 아이들, 같은 학교 아이들은 꼭 친하지 않아도 친구라고 할 수 있습니다. 어떤 친구냐면 '내가 무엇인가를 하고 싶은 마음이 생기게 해주는' 친구들이죠. 게임 이야기를 할 때 잠깐 나왔던 말이지만, 아이들은 보통 친구들, 자기 또래들이 하는 것들을 하고 싶어 합니다. 부모님이나 선생님이 하는 것을 하고 싶어 하는 경우는 많지 않습니다. 어른들은 아이들이 어른들이 하는 별로 좋지 않은 것들을 따라 할까 봐 노심초사하지만, 어른이 하는 것을 아이가 무작정 따라 하는 경우는 흔치 않습니다. 물론 친구들이 한다면 이야기는 달라집니다.

　게다가 아이들은 친구들이 하는 것을 하고 싶어 할 뿐만 아니라 잘하고 싶어 합니다. 친구이면서 동시에 경쟁자라는 뜻이죠. 우리가 지금보다 나아지고 무언가를 더 많이 알고 가지게 되는 건 어떤 확실한 목표가 있어 그것을 향해 나아가는 경우도 있겠지만, 친구가 하는 것을 보고 자기가 더 잘하고 싶은 마음 덕분일 수 있습니다. 친구들이 하지 않는 것을 하기란 쉬운 일이 아닙니다. 물론 그것이 자신의 가치를 보장해주고, 자신의 고유성을 담보하고 있는 것이라면 다르겠지만, 보통의 경우는 친구들이 하는 것을 따라 하고 싶고 더불어 그것을 좀 더 잘했으면 하고 바라게 됩니다. 그리고 그렇게 친구와의 관계 속에서 아이는 진짜 자기가 하고 싶은 것을 가지게 됩니다.

　아이들은 친구들과 이야기하고, 친구들이 하는 것, 갖고 있는 것, 하고자 하는 것, 갖고자 하는 것을 공유하면서 진짜 자기 세상을 만들어나갑니다. 친구와의 관계가 없다면 아이는 진짜 자기가 바라는 것을 찾기 어렵습니다. 아이가 친구들을 따라 하고, 친구들과의 비밀이 생기고, 친구들을 의지하는 건 그만큼 자신의 세상으로 나아가고 있다는 의미입니다. 그것은 부모가 해줄 수 있는 일이 아닙니다. 부모가 하는 일을 친구가 해줄 수 없듯이, 친구가 하는 일을 부모가 해줄 수는 없습니다. 친구는 단순히 재밌게 놀기 위해 옆에 있는 존재가 아닙니다. "제가 더 많이 놀아줘야죠." 그렇지 않습니다. 때에 따라서는 그것이 상황을 더 안 좋게 만들 수 있습니다.

우리는 종종 세대 차이를 극복하려고 하는 노력들을 봅니다. 필요한 일이긴 합니다. 하지만 거기엔 일정한 선이 지켜져야 합니다. 다른 세대를 바라보고 이해하는 선에서 멈춰야 하는 것이죠. 소통이라는 이름으로 세대 간의 경계가 무너지면 올바른 의미에서의 전수가 이루어질 수 없을 뿐 아니라, 더 이상 스스로가 바라는 바대로 무언가를 이루려고 하는 뜻과 바람이 사라질 수 있습니다. 기성세대의 젊음을 되찾고자 하는 노력이 가끔 위험해 보이는 이유가 여기에 있습니다. 젊음을 되찾는 건 좋지만 세대 간의 경계는 지켜져야 합니다. 어른은 어른의 자리를 지켜야 합니다. 그것은 어른의 역할을 해야 한다는 점에서도 그렇지만, 아이들이 스스로 자신들의 역할을 만들어나갈 수 있게 해주어야 하기 때문이기도 합니다.

아이들에게 친구를 뺏으면 안 됩니다. 놀이 상대가 없어서 심심하고 외로워져서가 아니라, 그렇게 되면 아이는 더 이상 스스로 바라는 것이 생기지 않을 수 있기 때문입니다. 또한 친구가 없다면 상처를 치유받는 쉬운 방법이 있는데도 늘 어려운 길로 돌아가게 됩니다. 친구들은 자기와 같은 처지에 있는 사람들입니다. 나와 동일한 조건 속에서 동일한 과정을 공유하는 사람들이 있다는 사실만큼 마음 든든한 일은 없겠죠. 같은 학교, 같은 반 친구들이 별것 아닌 것으로도 위로가 되는 건 서로 사정이 같기 때문입니다.

친구는 부모나 선생님을 비롯해서 내가 처한 상황을 해결해줄 수 있다고 여겨지는 사람들, 더 나아가서 어른이 되었을 때라면 그 답을 쥐고 있다고 여겨지는 사회기관, 제도, 법 등이 답을 주지 못할 때 버틸 수 있게 함께 해주는 존재입니다. 혹은 친구에게서 이미 그 답을 찾았다면 굳이 어른들, 제도에서 그 답을 찾을 필요를 없게 만들어주는 존재죠.

엄마, 아빠, 공부, 학교, 선생님과의 관계를 거치면서 아이는 많은 변화를 겪고 성장합니다. 이 성장 과정에 친구도 있어야 합니다. 그것을 완성시켜줄 좋은 열쇠를 가지고 있기 때문입니다. 아이들이 학교에 가야 한다면 거기엔 친구가 있기 때문입니다. 그리고 학교에 가지 않기로 한 아이가 있다면 그 아이에게 친구가 있는지 살펴봐야 합니다. 힘들고 복잡한 해결책들을 찾지 않아도 친구들은 아이를 붙들어줄 수 있는 비법을 가지고 있습니다.

학교엔 선생님과 친구들이 있습니다. 학교에 가지 않는다면 얻을 수 없는 사람들이죠. 아이를 지식과 사회로 연결시켜주는 사람, 아이의 고통을 알아주고 스스로 해결하기를 기다려주는 사람, 아이가 바라는 바를 지지해주는 사람, 아이에게 무언가를 하고 싶은 마음이 들게 하는 사람… 아이 옆에서 함께 걸어가주는 이런 사람들이 있는 한, 우리는 아이가 학교에 다니는 것을 지지하고 그럴 수 있도록 보살펴줘야 합니다.

아이의 삶을 증언해줄 사람들

얼마 전에 만난 지인이 작은 서점에서 '나홀로 출판'을 배우고 있다고 했습니다. 자신이 쓴 책을 편집하고 디자인하고 인쇄해서 출판, 유통하는 일을 모두 배운다고 합니다. 모든 분야에서 독점화, 대형화가 진행되는 와중에 최근에 조금씩 소규모 가게들의 움직임이 보입니다. 과거에 대한 향수를 다소간 갖고 있는 사람으로서 꽤 반가운 일입니다.

개인적으로 그리운 것을 말해보라고 한다면, 저는 동네 가게를 꼽고 싶습니다. 사실 제 세대보다 윗세대의 향수라고 할 수 있습니다. 어렸을 때 어머니가 젊은 시절 사진을 보여주시면서, 무슨 양장점에서 맞춘 옷이라고 자랑을 하셨던 일들이 떠오릅니다. 이를테면 어머니에게는 자신의 디자이너가 있었던 셈이죠. 기성복과 맞춤복이 구분되었던 그때엔 동네마다 디자이너가 한 명쯤은 있었습니다.

양장점, 전파상, 조그만 서점, 식당, 빵집, 구둣가게 등 아직 대기업이나 글로벌 기업의 체인점들이 도시와 마을에 대규모로 자리 잡기 이전에는 동네 곳곳에서 이런 작은 가게들을 볼 수 있었습니다. 그때는 누구나 늘 가던 가게가 있었고, 서로가 서로를 알고 있었죠. 그때와 지금의 차이는 가게의 규모가 큰지 작은지, 자본의 소유가 누구에게 있는지의 문제만이 아닙니다. 예전에는 소위 각 분야의 전문가들, 해당 분야의 지식을 가지고 있는 사람들이 지척에 있었다는 것이죠.

어머니의 양장점을 생각해보면, 그곳엔 어머니처럼 자신에게 맞는 옷을 맞추기 위해 찾아오는 손님들이 있었겠죠. 패션에 대해 지식을 가지고 있는 양장점 주인이 각자의 취향, 외모, 분위기, 옷의 용도 등을 살펴서 알맞은 옷을 만들어줍니다. 옷을 만들고 팔고 사서 입는 일에 양장점 주인과 손님이 포함되는 것이죠. 양장점 주인은 한 사람의 손님에게 옷을 만들어주면서 자신의 지식을 창의적으로 실천합니다. 패션이라는 지식의 체계와 한 사람의 삶을 옷을 통해 연결해줍니다. 그리고 손님은 자기 삶의 흔적이 담긴 옷을 가지게 되죠. 가장 엄밀한 의미에서의 창작 활동이 수많은 양장점에서 이루어지곤 했습니다.

지금은 어떠한가요? 동네마다 있던 디자이너는 우리가 만날 수 없는 사람들이 되었습니다. 대부분은 회사로 들어갔습니다. 그들은 이제 한 사람의 옷이 아니라 브랜드의 옷을 만듭니다. 누군가의 삶의 흔적 대신 트렌드를 살핍니다. 수많은 디자이너들이 수많은 사람들을 위해서가 아니라, 유명한 몇몇 디자이너들이 소수의 사람들을 위해 창작 활동을 합니다.

또한 우리는 나와 별 상관 없는 옷을 사서 입습니다. 그보다는 남들이 입는 옷, 맘에 드는 브랜드의 옷, 유행에 뒤처지지 않는 옷을 입게 되었죠. 내가 가지고 있는 옷에서 내 삶의 흔적을 찾아보기 어렵습니다. 내 집, 내 옷장에 들어 있지만 내 것이라고 하기 애매한 것이죠.

옷에 관해 이야기했지만, 우리의 일상은 그러한 변화와 함께 근본적으로 달라진 점들이 있습니다. 나를 아는 식당에서 차려주는 밥, 내가 읽는 책을 함께 이야기할 수 있는 서점, 우리 집 물건들 상태를 잘 알고 있는 전파상… 예전에는 문을 열고 집 밖으로 나가도 여기저기에서 내 세상의 흔적들을 남길 수 있었고, 찾아낼 수 있었습니다. 하지만 이제 물건을 사고파는 가게들에서 그런 지식과 삶의 교환은 잘 일어나지 않습니다. 대신 우리는 판매자가 되거나 소비자가 되었습니다. 지식을 가지고 손님들을 안내하던 사람들은 이제 그 지식을 쓸 일이 없게 되었고, 대신 서비스를 제공해야 한다고 합니다. 지식 대신 친절과 웃음을 주는 것인데 이제는 당연해 보이는 그 서비스라는 것이 곰곰이 생각해보면 참으로 기괴해 보입니다.

이제 우리가 소비자로서 구입하는 물건 어디에서도 자신과의 관계는 찾아볼 수 없습니다. 거기엔 내 것으로 삼을 수 있는 고유성이 없으니, 가지고 있어도 "이건 내 거야"라는 든든함을 얻기 어렵습니다. 그 물건을 얻어도 나와 관계해서 일어나는 변화가 없습니다. 마음에 드는 물건을 사고 나면 한동안 뿌듯하지만 결국 새 물건으로 눈을 돌리는 일이 반복됩니다. 물건의 가치가 내가 아니라, 브랜드와 트렌드로 결정되기 때문이겠죠. 물건을 만들고, 팔고, 사는 과정에서 사람들 사이의 관계가 끊어지면서 원래 의미 있어야 할 것이 상실되어버렸습니다.

동네 가게를 이야기하다가 물건 이야기까지 왔는데, 사실 이 이야기는 사회가 우리의 삶을 지지해주는, 나와 사회가 연결되는 방식들에 대한 이야기입니다. 우리가 앞서 이야기했던 의사나 변호사의 일도 동일한 맥락에 있습니다. 결국 동네 가게에 대한 향수는 내가 사회에서 내 것을 유지하면서 살 수 있게 해주는 사회에 대한 향수입니다. 소소한 것들이지만 사회 시스템이 변하면 그로 인해 그 소소한 것들이 변하게 되고, 그것들로 이루어진 우리의 일상과 더불어 삶의 태도도 변하게 됩니다.

동네 가게를 단골로 들락거리던 그때엔 누구나 동네에서 자신의 이야기를 가지고 살아갈 수 있었습니다. 나를 알고 내 이야기를 듣는 사람들이 있었으니까요. 가족, 학교를 벗어나 사회의 작은 단위를 구성하는 공동체에 엄연히 내 이름을 올릴 수 있었던 것이죠. 그것은 곧 내가 나로 드러난다는 것을 의미합니다. 그런데 이제는 이런 일들이 갈수록 무언가 거추장스러운 것으로 여겨지는 듯합니다. 내 이름, 내 얼굴이 알려지면 그만큼 책임져야 하는 것들이 생겨나기 때문이겠죠. 그러면서 예전에는 피할 수 없는 것들을 이제는 피할 수 있게 되었습니다. 그것을 피하면서도 별다른 상실이 없는 것처럼 여겨지기도 합니다. 익명으로 살 수 있고,

그것이 오히려 편하게 느껴지는 것이 현대가 우리에게 준 혜택처럼 인식되고 있습니다. 하지만 나를 걸고 하지 않는 것들은 나와 사회를 연결할 수도, 내 것으로 삼을 수도 없는 것들입니다. 내 이름으로 기록되고 남는 것이 아니기 때문입니다. 한 사람으로서 온전히 대접받기 위해서라면 그에 따르는 책임을 감수하며 나를 나로 드러내야 합니다. 익명으로 살아가고, 남는다는 것은 내 존재를 인정받지 못하는 일이기 때문입니다. 결국 사회로부터 되돌아와 내 집, 내 방으로 들어갈 수밖에 없습니다.

집 밖, 학교 밖에 나를 알아보고, 내 이야기를 알아주는 사람들이 있고, 내가 지나가는 거리 곳곳에 나와 관련된 것들이 존재한다는 것은 우리에게 부모가 없어도, 선생이 없어도 내 삶을 증언해줄 사람들이 있다는 의미입니다.

이제는 많은 것들이 변해 동네에서 내 이야기를 가지고 살아가기가 어렵습니다. 내 이름, 내 삶의 흔적을 여기저기 남기고, 사회와 내가 만난 순간을 증명해주는 활동이나 물건들, 나와 내 삶을 보여주는 징표들을 갖는 것이 수월하지 않아 보입니다. 아이들이 부모와 선생을 떠나 사회로 나가면, 이제 어른이 된 그 아이들을 알아봐주고, 이해해주고,

기다려주면서 사회와 연결해줄 수 있는 사람들이 많지 않은 세상이 되었습니다. 결국 그 일이 고스란히 아이들 각자의 몫으로 남겨지는 것이죠. 나와 세상의 접점을 찾는 일을 아이들 스스로 해내야 한다는 이야기입니다. 이때 그것을 찾기 위해 삶을 감당할 것인가, 찾지 않고 숨어버릴 것인가 또한 아이들의 선택으로 남겨집니다. 부모와 선생의 역할이 점점 약해지고 있지만, 오히려 더욱 중요한 시점이 바로 지금인 이유가 여기에 있습니다.

아이들 각자가 한 명의 고유한 존재로서 자신의 가치를 간직하면서, 사회의 구성원으로 당당히 살아갈 수 있기 위한 준비가 제대로 되어야만 스스로 삶을 감당해야 할 때, 혼란에 빠지거나 도망치지 않을 수 있습니다. 부모와 선생이 아이가 그 준비를 좀 더 탄탄하게 할 수 있게 도와줄 수 있다면, 아이가 혼자서 해결해야 할 몫이 그만큼 줄어들 수 있지 않을까요?

아이의 보호자라는 자격에 합당한 어른의 역할을 진지하게 생각해봐야 하는 시점입니다. 아이가 성장하면서 세상에 입문하는 과정이 아이를 소외시키거나 혹은 역으로 방종하게 만들어서는 안 됩니다. 기존 사회의 것만을 강요해서도, 아이의 것만을 주장하게 해서도 안 됩니다.

  프랑스의 정신분석가 자끄 라깡이 무의식적 욕망과 관련하여 셰익스피어의 「햄릿」에 대한 강의를 하면서 연극 상연의 특성을 언급한 내용에 빗대어 이 지점을 이해해볼 수 있습니다.* 라깡은 셰익스피어가 쓴 극작품으로서의 「햄릿」과 연극으로 상연된 〈햄릿〉은 전혀 다른 차원에 속한다고 말합니다. 연극에는 다른 사람이 쓴, 이미 완성된 대본을 연기하는 배우가 등장합니다. 하지만 동일한 대본이라고 하더라도 배우가 누구냐에 따라 전혀 다른 연극 무대가 만들어집니다. 관객은 셰익스피어의 「햄릿」이 아니라, 아무개 배우가 연기하는 〈햄릿〉을 관람하게 됩니다. 동일한 대사를 연기하지만 배우들은 저마다 자신의 몸으로 자기만의 몸짓, 감정, 표정, 목소리를 만들어냅니다. 그에 따라 각각의 배우가 저마다 다른 햄릿을 연기하게 되는 것이죠.

  우리의 삶도 마찬가지입니다. 정해진 틀에 따라 돌아가는 인간사회가 새로운 변화와 창조를 이루어내는 것은 각 개인들의 고유한 햄릿들이 있기 때문입니다. 역사적으로

● 자끄 라깡, 『세미나6: 욕망과 욕망의 해석』(Jacques Lacan, *Le Séminaire VI: Le Désir et Son Interprétation*, Editions de la Martinière, 2013, pp. 319-328.)

의미 있는 과학의 발명, 예술의 창조 등을 떠올려보면 쉽게 이해할 수 있습니다. 여기서 우리가 간과하는 것은 역사적으로는 중요해 보이지 않는 우리들 각자의 수많은 삶도 동일한 방식으로 이루어진다는 것입니다. 세상의 것들을 아무리 완벽하게 배우고 익혔다고 하더라도 그 속에서 자신의 이야기를 펼칠 수 없다면 삶은 공허하고 지루해집니다.

과거의 향수를 이야기했지만 현대가 가지고 있는 장점 또한 무수합니다. 과거보다 훨씬 더 많은 자원들을 더 좋은 조건들 속에서 활용할 수 있는 시대가 되었죠. 아이의 성장과 관련해서, 어른들은 그 자원들이 무엇을 위해 쓰여야 할 것인가를 고민해야 합니다. 그것은 아이가 사회 안에서 자신의 삶을 지켜낼 수 있도록 아이만의 경험, 이야기, 역사를 증언해주는 일에 쓰여야 할 것입니다. 아이의 보호자라면 아이의 삶이 공허하거나 허망한 것이 되지 않도록 보호해주어야 하기 때문입니다.

잃어버리지 못하는 아이들
― 어떻게 엄마의 사랑을 잃어야 하는가

초판 1쇄   2017년 9월 15일
초판 4쇄   2022년 3월 30일

지은이   이수련
편집   이재현, 조소정, 조형희
제작   세걸음

출판등록   2012년 10월 29일 제406-2012-000115호
주소   10881 경기도 파주시 회동길 290 206-제5호
전화   031-946-9276
팩스   031-946-9277

hugo@hugobooks.co.kr

ⓒ 이수련, 2017

ISBN 979-11-86602-28-7 03180